让品牌说话

说话

品牌营销高效准则

柯桦龙 崔灿 / 著

Get Heard

机械工业出版社
China Machine Press

图书在版编目（CIP）数据

让品牌说话：品牌营销高效准则 / 柯桦龙，崔灿著 . —北京：机械工业出版社，2017.12

ISBN 978-7-111-58775-0

I. 让… II. ①柯… ②崔… III. 品牌营销–研究 IV. F713.3

中国版本图书馆 CIP 数据核字（2017）第 312004 号

让品牌说话：品牌营销高效准则

出版发行：机械工业出版社（北京市西城区百万庄大街 22 号 邮政编码：100037）

责任编辑：孙海亮

责任校对：殷 虹

印 刷：北京文昌阁彩色印刷有限责任公司

版 次：2018 年 1 月第 1 版第 1 次印刷

开 本：147mm×210mm 1/32

印 张：7

书 号：ISBN 978-7-111-58775-0

定 价：69.00 元

2013 年桦龙从上海回厦门创业，有一天我正好很忙，只是匆匆碰了个面，他和我说在做新媒体品牌营销。2015 年年底桦龙再次来见我时，和我说还是在做新媒体品牌营销。

他中文专业出身又常年坚持学习，对审美和广告的把握精准，让我对他有信心，他能做得很好。但我希望他把格局再扩大，便和他说，做什么领域就去学习全世界这个领域做得最好的前十名。

之后的一年多，桦龙在国内寻师访贤，还到韩国、日本、新加坡、美国、德国、法国、泰国游历学习。随之而来的是他经营的三蝌优公司作业标准大幅度提升，客户也从一些区域型品牌升级为全国甚至全球化品牌。我相信他对品牌营销也有了更深刻的认识。

我早前投资的飞博共创旗下的新媒体大号有数亿的粉丝，粉丝多就意味着关注多、流量多，有了流量就有了各种机会。另外我投资的美图秀秀作为一个巨大的流量入口，经常也会有品牌商进行品牌投放，这些都侧重在巨大流量的部分，而柯桦龙的三蝌优公司则是一个补充，他们更多专注于品牌传播的创意和内容上。

作为较早进入行业的公司，他们的业务很广，从服务国外奢侈品牌的中国市场新媒体品牌传播项目，到全案策划执行国内外品牌的新媒体品牌传播项目，全有涉及。从行业早期的开拓到行业成熟之后，他们对每一个阶段的经验都进行总结。在以微信为主的时期，他们总结有《微信品牌营销》，在此时总结出《让品牌说话》，我认为很有意义和必要。

这本书从"道"的角度说起，先从品牌营销的本质核心入手，让读者心中能有一个框架逻辑。再从"法"的角度，结合具体形势推导出实践操作方法。接着对实操中"术"的五个部分（策略、创意、文案、视觉、影视）进行重点阐述。最后从"器"的角度分析如何选择营销渠道。同时书中选择经典案例进行剖析，理论与案例相辅相成，有助于深度理解。

有逻辑核心，有方法实操，有案例分析，我认为这是一部逻辑严谨、精彩扼要又具有指导价值的作品，我希望这本书能为品牌广告相关人士提供帮助。

桦龙和我是石狮老乡，我也希望他能在创业道路上越走越好，继续"一直很努力，不负所托，不负丰年"。

蔡文胜

美图秀秀董事长　知名天使投资人

前　言

　　品牌营销既承担了提升产品销量的希望，又兼具着提升品牌曝光度和美誉度的作用。

　　随着消费升级及消费群体转移，品牌营销的概念与实操方法发生了巨大变化，生硬、赤裸、洗脑式的品牌营销方法越来越难被消费者认同与接受，同时还受制于日渐昂贵的媒体资源。因而，品牌主与众多品牌营销同仁都在寻找更具性价比与效益的品牌营销方式。

　　自提出"让品牌说话"营销标准及出版《微信品牌营销》后，我收到了许多读者与同仁的反馈，加之多年来实操国内外品牌营销获得的经验，以及游历欧、美、韩、日等国家和地区时对一些强势品牌进行探索产生的感触，故下决心为中国优秀品牌摸索出一套更易产生高效益的品牌营销方案，以符合当下时代变化。简易、有规律、有逻辑，能够为大多数品牌的营销实践提供提纲挈领的指南是这套方案的宗旨。后来，我们称之为"互联网品牌营销体系"。

互联网品牌营销体系首先将营销的重心定义在互联网上，因为大多数人的注意力都聚焦在电脑与手机屏幕上。注意力在哪里市场就在哪里，品牌营销的机会自然就在哪里。

其次，品牌营销展现的内容需要更加被重视，需要既具有品牌属性又符合曝光需求，既不能生硬也不能偏离品牌，还需要能够引起消费者的好感及消费倾向。其中如何用"内容"劝服消费者是核心命题，品牌营销就是一门劝服的艺术。

一旦能做到全面覆盖消费者注意力聚焦的地方，又能配合具有"劝服"效果的内容，品牌即有了自己"说话"的力量。以此便可凝聚自主传播力，提升品牌营销效益。而本书即是从"道""法""术""器"四个方面深入阐释如何让品牌具有自己说话的能力。

很多经验随着时间和环境变化往往会失效或者不再适用，过往的成功无法为未来带来成功，但是很多核心的原则却是恒久高效的。经过长期的实践与探索，我们把品牌营销的核心原则梳理成一个体系：

本书从品牌营销的本质讲起。常言道"万变不离其宗"，无论环境怎么变、方法怎么变，品牌营销的"宗"，也就是"道"是不变的。从传统品牌打造，到 PC 时代的互联网品牌营销，再到现在的移动互联网时代的品牌营销，有关品牌营销一些本质上的"道"值得我们去提炼，因为这些内容未来依旧不会"过时"，品牌营销人员掌握这些内容后，在未来的工作中就能做到胸有成竹。

"法"是于"道"的基础上，结合当下的具体形势衍变而出的、直接指导实践操作的方法论。在某一个具体的时代，不同的品牌推广方，甚至具体到不同场次的推广活动，其推广的具体方式都是不同的，指导具体操作的方法论是隐藏在幕后的操盘者。三蝌优创意公司创办五年，之所以在国内外品牌营销领域获得广泛关注，甚至被一些前辈称为业界新锐黑马，成为一些优秀品牌营销板块的操盘手，就是因为许多操作逻辑皆是基于公司摸索出的这套方法论。由当下时代的品牌营销特点入手，构建体系、抓住核心、跟上节拍，从而找到每一次品牌营销互动的突破口和落脚点。

有"道"有"法"而不知如何落地实操，品牌营销将变为空谈。对于读者来说，如何落地行之有效的品牌营销活动，如何上手操作才能让品牌说话，应该是其迫切想知道的内容。这也是本书的核心内容"术"要解决的问题。本书通过策略、创意、文案、视觉、影视五个角度，手把手把实操经验分享给读者。读者在阅读过程中亦可自行思考，书中所介绍的实操方法，是基于什么"道"实现的，又是来自什么"法"的指引。只有剥去现象看到本质，才能算真正理解了本书的初心，才能青出于蓝而胜于蓝。

营销活动只有善于利用外物，才能真正做到事半功倍。在这个追求高效率的时代，能否善用外物成为成败的关键。所以在"器"篇，本书介绍了现在最为常用的营销推广渠道——自媒体。当然这并不是说其他渠道不重要，只是介绍类似内容的书籍较多，所以本书省略了对其他渠道的介绍。但是为了让读者在其他众多的渠道中找到适合自己的，本书专门给出了甄选媒体渠道的方法。

以"道"为基础，衍变出适应当下环境的"法"，以"法"为指引实现让品牌说话的"术"，再辅以可让推广效果事半功倍的"器"，相信只要大家真正掌握、领悟，那么你的品牌也会说话！

我们一直奉行"能用的才是最好的"这一原则，为了确保读者

"读之能用"，本书在最后用了两章的篇幅给出了大量的实践案例。其中"案"篇按初创品牌、传统企业品牌、个人品牌三种类型给出了品牌营销的落地方案，并甄选出相关案例，摆事实、讲道理、给建议，为的就是帮读者找到落地本书方法论的切入点。接着，在"例"篇以当下最具有代表性的 8 大品牌为例，深度剖析了其营销方法。榜样在前，才可不失方向。

尽管本书在写作过程中结合了诸多品牌方及品牌营销同仁的经验，亦得到三蝌优公司同事崔灿、姜柯、王涛、瑞锋、素桢、建芳、文生等人的协助，但品牌营销领域涉及广泛、变化多样，加之作者眼界之所及定然尚有不足之处，故书中难免存在不尽人意之处，望海涵斧正。

品牌营销领域博大精深，本书或只能定义为新时代下互联网品牌营销领域的一次探索、一次多年经验的总结与梳理。愿不负所托，不负丰年，与诸君共勉。

柯桦龙

写于戛纳

| 目录 |

1

|第 1 章|

品牌营销的本质／"道"篇

尽管品牌之间的营销战场逐渐向互联网转移，但这并不代表营销的本质发生了改变。恰恰相反，在互联网品牌营销之中，仍然是一些基本的准则在影响着营销的效果。我们把这些既经过传统广告时代的验证，又在互联网营销时代继续发挥作用的准则称为"道"。无论营销的战场在哪里，未来的媒体发生怎样的变化，营销之"道"都是帮助品牌获得成功的根本。

第 1 节　品牌营销是心智之战

在讨论什么是心智之战前，我们先来做一个测试：

试着说出 10 种以上的纯牛奶品牌。

伊利、蒙牛、光明……

再想想，把那些子品牌也算上。

特仑苏、纯甄……

如果能一下子想出 10 种以上，那么说明你一定是牛奶行业的工作者，因为普通的消费者根本记不住这么多。正是因为同一类的品牌众多，品牌主才各出奇招，想要挤进消费者容量有限的心智空间。也只有这样，才能让消费者面对琳琅满目的货架和五花八门的同类产品时，能够挑中自己的品牌。这个让潜在消费者认识并牢记品牌，最终引导到购买行为的过程就是营销，也就是我们所说的心智之战。

与过去情况不同，进入人们的心智这件事情变得比以往更难，心智之战也就越发激烈。一方面是由于品牌变得更多，比如曾经能够让消费者记住的手机品牌只有诺基亚和摩托罗拉，而现在苹果、三星、华为、小米、OPPO、VIVO、锤子……太多的品牌可供选择；另一方面是由于信息过于嘈杂，比如前面提到的手机品牌都铆足了劲打广告，而人们能记住的信息却是有限的。在如此激烈的环境下，一方面是把产品做好，另外一方面就是找到占领心智的方法。

心智胜于事实

可口可乐从诞生到现在已经有一百多年的历史了，在此期间也出现了不少竞争对手，人们曾一度以为可口可乐卖得好的原因是因为它更好喝。但是在 1975 年，百事公司开展了一场可乐盲测，结果却是 57% 的人更喜欢百事可乐的口味。为了赢得消费者的喜爱，可口可乐不得不进行改良，终于在盲测中打败了百事可乐，然而让人意想不到的是，可口可乐改良后的产品销量却一落千丈，最终不得以又换回了原先的配方。

实际上，通过百事可乐的这场营销战役，我们可以明显地看出可乐品牌对消费者的争夺并非在口味上（当然口味也不能太差），而是在心智中。尽管后来可口可乐在盲测中继续输给百事可乐，但这不妨碍可口可乐稳坐行业第一的位置，因为可口可乐已成为可乐的代名词。我们不得不承认，心智总是能战胜事实。

当步步高想要抓住手机这个机遇的时候，却发现继续沿用步步高这个品牌是行不通的。行不通的原因并非步步高品牌不够大，当时的步步高也算是家喻户晓的品牌，原因是人们对于步步高最深刻的印象始终停留在"步步高复读机"。一个做复读机的品牌去做手机，确实没有那么顺理成章，在复读机领域的知名度反而变成了步步高的负担，因为在消费者的心智中，这个品牌已经被定位了，也正是因为这样，VIVO才出现在大众的视野。

国民凉茶品牌王老吉也经历过一场心智之战，先是以"怕上火喝王老吉"迅速占领了消费者的心智，随后在商标争夺战中尽管战胜了加多宝，拿回了"王老吉"这个商标，但是由于红罐凉茶已经深入消费者心智，又不得不开始争夺红罐包装。很多时候，心智的占领不仅仅在品牌名称上，同样也在品牌形象上。

战则需找对战场

既然品牌营销是心智之争，那么想要赢得这场战争，首先要考虑的就并非战术了，而是要先找对战场，因为很多时候，你的策略要取决于对手的策略。

特劳特的《22条商规》中的第一条就是"想办法成为第一"，这个第一并非是第一个发明者，而是第一个占领用户心智的品牌。如果市场里已经有了第一、第二，甚至第三、第四都被人占据，那么再进入这个市场就会变得异常困难。此时比较巧妙的方式是，通过市场的细分来建立自己的市场，从而成为这个细分市场的第一。这也是为什么，当智能手机几乎被苹果和三星占领的情况下，"OPPO拍照手机"的概念应运而生，"美图手机"也抢占了自己的市场。

当然，也有时候品牌会反其道而行之，这是因为有的时候品牌所在的细分市场的份额太小，小到即便全部拿到也不如在足够大的市场里占据很小的份额。比如美国某个胡萝卜品牌一直在健康食品的市场里占据很高的市场份额，但此品牌想要提高销量很难。但是垃圾食品市场却比健康食品市场大几十倍，于是这个胡萝卜品牌开始进军垃圾食品市场，让消费者们"像吃垃圾食品一样吃胡萝卜"，从此销量大幅增长。

第三种情况是品牌想要进入的市场趋近饱和，此时就算硬着头皮挤进去，也很难得到很高的市场份额。这样的情况下，就需要找到其他符合的市场进入，比如一些乳品饮料，由于乳品行业趋于饱和，会纷纷选择进入饮料市场，去跟其他饮料品牌抢夺市场份额。

选对战场往往是打赢心智之战的前提，也是品牌进行营销时容易忽视的部分。

第 2 节 广告与事实

无论广告行业如何发展，广告内容仍然离不开两个字——事实。广告的表现形式可以多种多样，也会用到很多夸张的手法，但是**广告的核心仍然是编辑过的事实**。

广告不能偏离事实

好的产品本身就是广告，而好广告也从来不会脱离事实，只是用消费者更容易接受的方式传递给他们。广告一旦偏离事实，一方面容易惹官司上身，另一方面偏离了事实的广告做得越好，往往越适得其反。

广告行业出现的时间并不算长，在广告的发展过程中，关于广告的法律法规在不断完善。从这些规范中我们能够发现，很多夸大其词的用语逐渐被禁止，因为这些词语的使用，很大程度上都是对消费者的欺骗。

就算符合法律法规的广告，如果存在欺骗，也只能吸引消费者一次，绝对吸引不了第二次。在传统广告时代，虚假广告即便被人拆穿，由于信息不发达，也需要比较长的时间才能被多数消费者知道。然而互联网时代，这样的情况发生了巨大的转变，不要说虚假的广告，哪怕是广告中体现的某些服务和产品没有达到消费者的预期，都可能带来负面效果。

事实需要选择和编辑

广告也并非把事实一五一十古板地告诉消费者，如果是这样，那么广告行业也就没有存在的必要了。正是因为事实通常需要选择并加以编辑再传递给消费者，广告才有了意义。

（1）**选择最有力的事实**。如果是商家给一款产品做广告，通常恨不得把这款产品所有的优点都告诉消费者。但是正如我们前面提到的，营销是对消费者心智的夺取，复杂的信息很难进入消费者的心智，因此在众多事实中，广告需要选择最有力的事实来打动消费者。事实的有力程度很多时候并不取决于产品本身，而是取决于消费者对于产品的需求，也就是我们常说的痛点。

（2）**编辑成消费者喜欢的样子**。广告针对的消费者不同，编辑事实的方式也会大相径庭。对事实的编辑随着目标消费群体、社会文化环境、广告投放媒体的改变都会发生相应的变化。最终需要达到效果的是，把挑选出来的最有力的事实编辑成目标消费者喜欢的样子，并投放到他们最容易接触到的媒介上。

第3节　品牌营销的科学属性

品牌营销并非灵感乍现，而是一门非常严谨的科学。品牌营销也不是一朝一夕之功，需要专业的人员有条不紊地持续进行，只有这样营销活动才能实现品牌所追逐的目标。

品牌营销的常规化

品牌简单来说就是消费者对产品及产品系列的认知程度，品牌营销的目的是将其最大程度提升，而品牌信息的传播是其中重要的一环。互联网时代，消费者每天接收的信息越来越多，当中很大部分夹杂着各种品牌信息。当信息量变大，内容变得嘈杂，消费者能够记住的信息就变得越来越少，提升认知程度也就变得越发困难。

但越是如此，品牌越应该抢占先机，因为在品牌竞争激烈的环境中要得到更优质的消费者，获得更高的利润，并逐渐积累起品牌的知名度，进而提升品牌的附加价值，正如"逆水行舟，不进则退"。因此，无论营销环境好与坏，品牌都应该保持声量，稳住品牌的核心，利用更高效的手段去传播，为自身打开新的天地。

"让品牌说话"常规化，就是让品牌能够不断地在互联网上发出声音，让品牌信息的传播变成持续行为，以确保品牌信息能够尽可能到达目标消费者，这样才有机会让消费者从认得你到记得你，再到喜欢你。

1. 如何快速组建高效营销团队

实现"让品牌说话"常规化，首先遇到的问题就是找谁来做，一般来说有两种方法：一是自建团队，自建团队的优势在于缩短磨合期和节约沟通成本，但是需要面对招聘合适人员的问题；二是利用外部大脑，这样做能够获得更专业的服务和更新鲜的创意，但同时也需要考虑怎样的外部大脑值得信任，配合对接的人员如何安排。

品牌自建互联网营销团队，要明确需要怎样的人才。对于品牌需要的人才，我们可以从工作职能和人员性格特点上做区分。

1）职能划分

互联网品牌营销包括创意策略、内容产出、项目执行、媒体投放、数据分析等多个板块，要完成完整的互联网营销活动，需要保证各个板块都有专业的人员负责。

品牌如果自建团队首先需要三个基础职能：管理职能，能够对营销活动进行项目统筹；创意职能，即能够为品牌进行互联网营销提供策略及创意支持；运营职能，即能够依据品牌营销的策略规划完成具体的内容。如果条件允许的情况下，可以再增加媒体采购部门、技术开发部门等。

（1）**管理职能**：管理职能人员需要具备较强的综合能力，包括善于沟通，对外对内都能保证信息完整、准确地传递；具备影响力，能够在高压中带动员工保持工作状态；有责任心，敢于承担责任，也能大胆提出建议。

管理职能的人员不需要具备某方面的专业能力，但是需要对营销工作中各个环节都略知一二，从而能够做好项目和人员的管理，保证项目执行的效果和团队的稳定。

（2）**创意职能**：创意职能占据广告行业中一个重要的位置，没有策略创意，广告就不存在。创意职能的人员往往需要思维活跃、懂生活、懂人性，同时需要具备丰富的知识储备。

做创意的人通常偏爱自由，因此一定程度上看起来有些"不务正业"，但是正是因为这种"不务正业"，才让创意人员的大脑更为活跃。但是要注意，能做出好作品的创意人往往也是最勤奋的创意人，因此在创意人员的选择上要区别自由和懒，这完全是两码事。

（3）**运营职能**：运营职能人员是基础内容的生产者，是把策略、创意变成看得见、摸得到的内容的人员，包括文案、设计师、插画师、视频制作人员等。运营职能人员必须具备某个领域的专业技能，如果是设计师必须设计功底过硬，如果是文案必须文字能力很强。

在选择运营职能人员时，需要以实际的作品判断其专业能力。很多专业领域的人逐渐发展成为创意人，可以在这个方面进行重点培养，但也不需要硬性要求，只要能够保质保量完成作品就可以。

2）性格及能力

营销本就是一个充满挑战的行业，而互联网的瞬息万变更是需要做互联网品牌营销的人员具备良好的性格基础和能力基础。专业能力的积累与提升是最基本也是最重要的部分，但综合能力更能体现一个人的价值。如何在工作中将专业能力更好地发挥，更好地与他人合作，绝大部分取决于个人的性格品质。

营销人员要具备良好的沟通能力、负责的处事行为、面对问题冷静的态度等，并且要不断调整自身的性格、提升综合能力，只有这样才能成为一名优秀的人才。总之，营销人员应具备如下素质：

（1）**美感**：追求美感是所有人的基本需求之一。美感也是受众对作品的基本判断因素，因此要求创作人员一定要具备较高的审美能力。而所谓的"美感"也是相对的，并没有绝对的标准。在追求美感的过程中，作品应该充分根据品牌与受众的特点进行合适且优质地创造，在呈现结果上也不一定只表现在画面上，同样可以体现在文字、音乐等方面。

营销就是通过对人不同感官的刺激，让消费者产生购物的冲动，对品牌产生认同，而只有具备美感的刺激才能够达到良好的效果。

（2）**知识储备**：一名营销人能够根据一定的知识与经验的积累，做到更加得心应手地进行操作，比如拥有广告、营销的基础。但即使非营销专业出身的人员，如果能够不断丰富自身的知识储备，在工作的过程中积累更多的经验，同样能够满足营销人员的条件。

知识储备不应局限于狭义的理论，还要在实战过程中积累经验与案例。

（3）**学习能力**：互联网推动了全世界的发展速度，在信息爆炸的时代，每一个营销人必须有极强的学习能力，才能在飞速发展的行业中保持高水平。而学习能力不仅包括对已经学到的知识的再利用，更是一种获取新知识，并迅速理解甚至加以运用的能力，同时也是一种乐于接受新事物，用于推翻陈旧、摒弃不适用的理论的态度。

（4）**执行力**：再优秀的决策在糟糕的执行力面前都是空谈，因此营销人需要有非常强的执行能力。执行力表现在两个方面，一个是根据已知的需求，按照既定的计划高效高质地完成作品；另一个方面则是在执行过程中遇到问题，能够用最佳的方式解决问题，同时举一反三，规避同样的问题再次发生。

（5）**抗压力**：营销行业本身属于高压行业，相对来说，其具有更大的工作强度、更加不稳定的工作时间、更复杂的环节处理等特点，故更容易影响执行人员的工作情绪与效率，自然要求营销人要具有能够对抗长期高压的能力。想要在行业里长期发展下去，就需要调整心态，更好地适应工作环境，锻炼自己的抗压力。

2. 如何利用外部大脑

当品牌没有足够的成本或精力去培养自己的营销团队时，就需要外部大脑来帮助品牌进行营销活动。所谓外部大脑就是我们常说的代理商。

（1）**作品说话**：选择代理商时首先要看的就是作品，作品能够最直接反映代理商的策略、创意、执行能力。通过了解代理商的作品，也能够从很大程度上判断代理商与品牌的风格是否符合，这一点也很大程度决定了合作是否能够顺畅。

（2）**反馈速度**：反馈速度也是选择代理商的一个重要参考因素。在互联网品牌营销领域，代理商一定要具备敏锐的嗅觉和快速反应的能力。而这些在前期沟通时就可以从反馈速度上表现出来，无须等到实际合作之后再去了解。

（3）**执行能力**：在进行营销策划和执行时，代理商的执行能力一方面决定了产出速度，另一方面也决定了产品质量。好的想法需要好的执行力来实现，只有想法无法执行，或者想得很好但是执行水平无法匹配，都将成为服务中的硬伤。

（4）**服务意识**：尽管品牌与代理商之间是一个付费一个出作品的关系，但是代理商基本的服务意识是要有的。这个服务意识既不是卑躬屈膝地讨好，也不是一味地按照品牌方的想法来做事情，而是发挥自己专业优势，用专业度来服务品牌。

3. 需要怎样的人员与代理商对接

一旦品牌方决定了聘请某一代理商为品牌进行营销服务，就需要安排合适的人员甚至团队来对接工作。对接人员扮演的角色不是传话筒，他们要比代理商更了解品牌，比品牌方更懂营销，并且能够进行项目把控。

（1）**熟悉自身品牌**：对接人员需要充分熟悉自身品牌，了解品牌的核心价值，懂得产品的优势，对品牌所在的行业和市场环境有一定的判断。通常情况下，品牌总监会承担整个品牌营销把控这个责任，但是对于让谁来跟代理商对接就不会很重视。安排的对接人员如果不够熟悉品牌，会直接导致代理商的作品出现偏差。

（2）**具备营销能力**：对接人员自身的营销能力也至关重要。如果无法从营销的角度去判断代理商的内容，就没办法做好品牌和创意之间的平衡。具备营销能力代表着知道营销的基本思路，并且能够根据品牌方想要实现的传播目的提出合理的需求。在执行过程中，也能够更好地以结果为导向跟进整个营销活动。

（3）**给代理商空间**：负责对接的人员也要避免过多地把自己的想法强加给代理商，要给代理商足够的创作空间。尽管对接人有自己的营销见解，也需要在工作中做出成绩，但不需要通过干预代理商的创作过程来实现。在代理商没有大方向错误的时候，尽量保证他们创意的独立性，把更多的目光放在如何更好地协调内部资源来扩大营销效果才是对接人最应该做的事情。

品牌营销三要素

当营销常规化具备了团队基础后，我们需要考虑的是常规化的营销该如何进行。常规化的营销可以粗略地划分成三个部分，即策略、物料和媒介。这三个部分分别解决了如何实现营销目的、通过什么载体来传递品牌信息和通过什么渠道来传播的问题。

1. 策略

在营销中，首先要解决的是策略问题，策略也决定了物料创意、媒介选择如何做的问题。策略是对品牌的某个营销活动的背景进行分析，得出能够实现品牌目的和目标的方法。比如一款新品上市，要如何将产品的优势传递给消费者，并促使消费者选择这款产品？这就是通过策略要实现的。

制定品牌策略需要进行详尽的前期背景分析，包括市场环境、品牌特点、竞争对手及目标受众。根据分析能够获得洞察，也就能够得出用怎样的核心信息最能打动目标受众。

2. 物料

在有了基础策略后，就需要用物料来支撑品牌想要传递的信息，形式包括视频、图片、H5、社交活动等。制作物料时需要注意的是，首先物料需要符合品牌的调性，其次要能够充分使用策略方法，表达最核心的信息。

制作物料时还需要考虑一个因素：表现形式上是否符合目标受众的喜好。这一点也能够在一定程度上决定传播效果。

3. 媒介

当知道了传播方法也有了传播物料时，就需要找到目标受众，并通过媒介渠道把信息传递出去。在选择媒介时，了解目标受众的触媒习惯是首要条件，知道了目标受众在哪里，才能准确地把信息传递给他们。选择媒介也需要考虑传播物料和媒介的结合度，这样才能够有事半功倍的效果。

总体来说，营销模板就是分析营销哪些人，这些人在哪里，这些人关注什么，怎么找到这些人。其中策略分析是整个营销方案的核心部分，事关整个营销方案成败。

|第 2 章|

让品牌说话的 4 步法 /"法"篇

在第 1 章中，我们了解了品牌营销的本质，也就是品牌营销的"道"。尽管品牌营销的本质不会发生变化，但是营销的手段和方法却要随着外部环境的改变而进行调整。接下来这一章将从方法论的层面阐述如何迅速抓住互联网时代品牌营销的核心，也就是我们所说的"法"。

第 1 节　提特点：重新理解互联网时代下的品牌营销

互联网时代的品牌营销由于传播媒介的变化而发生了翻天覆地的变化，互联网品牌营销出现了许多与传统营销不同的特点。

信息获取渠道增多

品牌营销对于品牌而言是一个传递信息的过程，而对于消费者来说则是一个获取信息的过程。随着互联网的发展，消费者获取信息的渠道变得越来越多。互联网的发展并不意味着其他信息获取渠道的消失，报纸没有消失，电视没有消失，只是互联网出现了，移动互联网也随之出现了，渠道在不断地增加。

信息获取渠道的增加就意味着品牌获取消费者的难度增大。曾经我们找准一个渠道即可，但现在我们需要了解目标消费者所能够接触到的各种渠道，以保证品牌信息能够顺利地传递出去。

信息获取渠道增多了，但消费者的心智始终是有限的，因此在进行互联网品牌营销时，对于品牌信息的铺垫就显得尤为重要。

信息传播速度加快

互联网的发展让信息的传播速度飞速提升，尤其是网络速度的提升，使得单位时间内传递的信息增多。当然，信息传播速度加快也有其他方面的原因。

（1）**信息非采编化**：在传统媒体时期，由于单位时间内能够传递的信息内容有限，故几乎所有的信息都是经过采编才传递给消费者的。而网络时代不同了，网络能够加载巨量的信息，因此信息不需要采编就会出现在网络上。

（2）**无须主流媒体**：曾经的媒体是掌握在少数人手里的，信息的传递都需要通过主流媒体才能实现。而互联网时代，任何人都可以成为媒体，甚至有些个人能够超过主流媒体，拥有更多的话语权。这也就要求品牌营销不能只关注主流媒体，还需要关注其他个体。

信息传播节点全民化

互联网品牌营销的另一特点是，消费者不再只是传播链条终端的接受者，品牌也不再是唯一的信息输出者，每个人都变成了信息节点。

哈佛大学的心理学教授做过一次实验，一个人和另外的任意一个人之间所隔的人不会超过 6 个，这就是著名的六度空间理论。六度空间理论从侧面反映出信息传播只需要 6 次裂变即可传递到世界上的任何一个人。但是在以前，信息传递的速度慢，个体传递信息的难度大，无法成为信息节点。由于互联网的诞生以及社交网络的发展，每个人都成为了信息节点，都能够将信息有效地传播出去。

当个体成为信息节点时，分享就变得至关重要，每一次的分享都成为一次信息的传递，这也是朋友圈文章能够刷屏的主要原因。

充分了解了互联网品牌营销的特点后，再进行品牌营销时就需要充分考虑这些特点，从而让营销达到最好的效果。

第 2 节　建体系：打造互联网品牌营销系统

在了解了互联网品牌营销的特点之后，我们需要根据这些特点进行体系上的布局，这也是互联网时代品牌营销与传统营销的不同之处。一方面，我们需要让用户更容易触及品牌信息；另一方面，还需要主动出击，把品牌信息传递给核心的目标群体。

全局电网防空系统

全局电网防空系统（简称电网体系）顾名思义就是一个整体布局，先假定不确定哪个用户会来了解这个品牌，这时我们先架构一个体系，期望的目标是：哪个用户来了解这个品牌，就会自动触及电网体系，进而被事先布局的品牌信息影响，并对品牌心生好感。

架设全局电网防空系统的三个要点如下：

1. 提炼核心内容

如果品牌的互联网营销不成体系，发布到网络上的信息很容易又多又杂。要知道，信息多不一定是好事，太多的信息容易将其中有效信息淹没。一些品牌没有一套过硬的核心内容，看似许多方面都涉及，实则内容宽泛没有深入，这时根本不能让消费者心生好感。因而提炼核心内容的要点就是舍弃，通过舍弃杂乱无章的信息，找出最核心、最想表达的内容。

（1）**符合品牌策略**：提炼品牌的核心内容需要符合品牌的策略。通常情况下，品牌一段时间之内会沿用同一种策略，来实现这个阶段的营销目标。在电网体系中，品牌需要提炼的核心内容也必须符合品牌的策略，才能更有效地达到目标。一些不符合当下品牌策略的信息，即便对品牌有利，也需要适当舍弃，从而让传递给消费者的信息更为集中和统一。

（2）**用好感代替存在感**：提炼核心内容时，需要把无法让消费者产生好感的内容舍弃，尽量留下正面的、有效的信息。需要记住的是，品牌需要刷的是好感而不是存在感，仅有存在感不足以打动消费者并让其为产品买单。铺天盖地的信息还会在一定程度上干扰消费者的判断，因此品牌需要大胆舍弃。

2. 扩散核心内容

有一些品牌实际有很多正面的可以作为核心内容来传播的信息，却由于不知道怎么扩散导致消费者无从得知这些正面内容。当提炼出核心内容之后，需要找到合适的渠道去进行扩散。在全局电网防空系统中，扩散核心内容需要进行内容覆盖，就是把消费者日常可能接触品牌信息的地方都覆盖到，保证消费者想主动了解品牌时，就能够看到品牌已经提炼好的核心内容。

（1）**搜索平台**：搜索平台是用户主动搜索时最直接接触的端口，一方面可以作为品牌的实力背书，另一方面也可以作为流量入口，把搜索流量转化到品牌的官方网站等位置。品牌需要在搜索平台对品牌名称、企业家等结果进行优化，平台则包括百度、搜狗、360 搜索、互动搜索等搜索引擎。

（2）**微信搜索**：由于社交媒体的用户越来越多，而微信又开放了搜索功能，于是用户会开始在微信端去搜索一些感兴趣的内容。因此品牌方也需要在微信端铺垫一些品牌的核心内容，这样当用户进行搜索时，不会出现没有信息或者只有负面信息的情况。

（3）**主流门户网站**：搜索引擎中搜索结果会直接以网站信息的链接展现，因此链接跳转到的地方就变成品牌需要扩散核心信息的地方。主流的门户网站能够起到强大的背书效果，比起其他的网络媒体更具权威性。在品牌所处的行业领域也存在一些垂直的权威网站，利用垂直专业网站发布核心信息也能够帮助品牌更好地搭建电网体系。

（4）**意见领袖核心软文**：很多人可能会觉得，既然已经在搜索引擎、主流网站等位置扩散了品牌的核心内容，为什么还需要意见领袖的软文？其实意见领袖是为品牌增加用户好感度的方式，通常对于官方的信息用户只会拿来做参考，或者作为品牌公信力的保证，但上升到好感度，就需要意见领袖来影响用户了。

3. 完善关联链接

完善关联链接主要用于扩大传播度，把品牌名称与企业家、核心产品等关联词关联，产生关联链接，增加影响用户的概率。因为关联的规则在不断变化，所以关联技巧需要不断更新。但有一个技巧相对稳定：每次推送核心软文时，尽量在文章标题中包含期望关联的词汇，如品牌名称、企业家名称。在全局电网防空系统中，企业信息是用户搜索的基础，一般发布在行业垂直媒体及常用的门户网站上。这类信息在用户主动搜索时才会出现，通过核心关键词的关联，能够提高正面搜索结果出现的概率。

局域轰炸攻击系统

构建了互联网品牌营销的电网体系之后，品牌方可以布局局域轰炸攻击系统（简称轰炸体系）。相比于电网体系的姜太公钓鱼愿者上钩，轰炸体系则是一个主动出击精准打击的系统。等待用户主动找上门是没办法实现营销目标的，当有了电网体系的基础后，就需要品牌对更精准的人群施以集中轰炸式的传播。

1. 精选人群

精选人群就是品牌想要获取的那部分人群。投放广告的对象通常有两种，一种是忠实消费者，另一种是潜在消费群体。互联网的大数据让找到潜在消费群体变成一件更为容易的事情，在进行轰炸体系的广告投放时，我们不再沿用电网体系那种广泛的做法，而是通过对人群进行划分，直接把品牌信息传递给最可能转化的那部分群体。

（1）**年龄、性别**：通过对薛之谦的粉丝进行画像分析，可以发现他的粉丝90后更多，于是如KFC、腾讯动漫这些目标群体为90后的品牌开始找薛之谦代言；诸多化妆品品牌请男明星作为形象大使，就是因为女粉丝会更喜欢男明星。NIKE的官方微博至今评论转发最多的一条还是跟王俊凯合作的微博，可见找对了人群会带来怎样的传播效果。

（2）**地理位置**：精选人群除了在年龄、性别上有所体现之外，还在地理位置上有所体现。核心目标群体是一二线城市的高收入人群，在投放时则不需要浪费预算做全国范围的投放；如果只某个特定城市做的活动，也就会尽量通过本地化的媒体来进行传播。

（3）**兴趣划分**：在进行粉丝精选时，也需要对兴趣进行划分，因此要明确的概念是对潜在消费群体进行营销，而非所有人。就是说有些人即便看再多你的广告，甚至会喜欢你的广告，但永远不会成为你的消费者。

2. 精选内容

除了精选人群之外，品牌还需要优化传播内容。用户接收内容的时间有限，因而需要提供给他们精致内容。媒介只能起到展示的作用，但是否能够吸引用户继续看下去就需要靠内容的精选来实现了。

2017 年 1 月 20 日，朋友圈视频原生推广页上线。该形式能够为品牌主配置 6 秒或 15 秒的小视频，而用户点击之后即可直接进入内层原生推广页。这一广告形式的变化就是对内容进行精选，从第一条朋友圈广告上线至今，广告形式一直在进化。用户对固定形式的广告越来越无感，品牌主需要想尽各种办法在最短的时间里抓住用户的眼球，但是如果朋友圈广告一直停留在文字加视频的形式上，对内容的呈现就非常局限。

朋友圈视频功能开放之后，品牌主需要做的是把内容精简，一条原本 3 分钟的微电影，需要通过 6 秒或 15 秒的展示调动用户的好奇心，让用户愿意点击完整观看。

宝马在推广 BMW1 系时推出过一个《史上最炫酷贪吃蛇》的朋友圈广告，其采用了一条视频配合一条 H5。如果这条广告推出时采用的是静态图片配合文案，很难在形式上吸引用户点击。但是宝马将一条长视频剪辑成一个片段，用户在浏览朋友圈时直接就能看到真车现《贪吃蛇》的炫酷场景。并不是说，这种方式能够大幅提升用户的点击率，而是在同等条件下提高内容被点击的概率。我们所做的任何营销活动，都是为了提升概率。

3. 测试效果

在大范围投放前，品牌方应先核算出效益指标，进行小范围投放，根据效果进行调整，或者优化人群或者次优化内容，直到测试结果达到目标值。

4. 集中投放

我们发现传播效果好的营销活动往往是通过集中投放实现的。当下，网络信息量大、变化速度快，加之用户的注意力转变迅速，早上还在聊哪个明星结婚，晚上就已经聊到美国大选了，若战线太长太分散，品牌如果再没有强大的预算支撑，信息很容易就被淹没掉。

（1）**时间集中**：一般营销战役的时间跨度最多就是 1 ～ 2 周，有些甚至只有 3 ～ 5 天。在时间上集中投放比较容易实现一段时间内的信息爆发，避免因为战线拖太长导致用户还没有看到最核心的内容就失去了兴趣。

（2）**内容集中**：根据传播策略规划传播内容时，也并不是越多越好。一方面太多的内容制作成本高，无法保证每种内容的质量；另一方面，如果内容太分散，核心信息也不一定能够被完全接收。

通过以四个步骤的轰炸体系，再配合前期铺垫的电网体系，品牌信息传播就能够保证完整性和性价比更高的效果。

第 3 节　抓核心：直指互联网品牌营销的红心

经过了体系的布局，就已经为品牌营销打下了良好的基础，而每个营销的时代都有其巅峰，这也是品牌方要把握的核心。在互联网时代，品牌营销也经历了从无到有的发展，从起初的 PC 端逐渐发展至移动端，全民网络化也意味着互联网品牌营销的巅峰即将到来。

互联网品牌营销的核心是社会化营销

社会化营销的英文解释是 Social Media Marketing，是利用社会化媒体来进行营销，从而获取潜在客户和实现销售增长。社会化营销除了渠道上采用社会化媒体外，还包括手段的社会化。在社交网络的大环境下，信息变得可以被选择，用户会选择自己喜欢的信息去接收、去分享。而生硬的广告即使搬到了社交网络上，也依然难以产生好的效果。这个时候整体营销策略和手段的社会化就变得尤为重要。

1. 媒体社会化

2016 年，微信活跃用户破 8 亿，全球范围内 Facebook 活跃用户超 11 亿。其中 30 岁以下的群体就是在社交网络的原生环境中长大的，社交网络就变成了到达这部分群体最直接的渠道。

除了微信、微博、Facebook 等社交软件之外，其实我们日常使用的许多应用都具备社会化功能，换个角度来说各种应用都需要社交属性来促进自身的发展。我们会发现，信息传播的媒介不再像电视、报纸等传统媒体，只有一层用户可以接触到信息源。媒体的社会化开始允许信息进行多层传播，甚至达到裂变的效果。媒体社会化的另一表现是，各种媒体都允许用户之间发生联系，不仅仅是好友之间，陌生人之间也一样可以互相交流，这也进一步促进了信息的传播。

因此一个具有传播性的信息会瞬间走红整个互联网，成为互联网的热点信息。每个人都可以成为一个传播点，转发分享的同时也可以加入评论点明自己的观点与态度，进而影响更多的朋友，甚至陌生人。

【案例】为白血病孩子募捐事件

2016 年年底，一篇为白血病孩子求助的文章刷了屏，势头之猛令人咂舌。一个普通的小朋友因为白血病住院，父亲发表了一篇文章，声称文章每转发一次将会得到 1 元捐款。这个在传统媒体时代非常普通的新闻，通过社交媒体的发酵，短时间内就成为当时最热门的话题。同时由于微信开放的文章赞赏功能，一篇文章在短短几天内就获得了超过 200 万元的赞赏。

而事件并没有到此结束，在随后网友的爆料中，人们得知这是

一家公司的营销事件，小朋友的病情被当成了传播的噱头。于是在社交网络上，网友的声音急转直下，从献爱心者变成了讨伐者，开始声讨小朋友的父亲和策划该事件的公司。

案例分析：其实社会化媒体在整个事件中扮演着极为重要的角色，甚至连策划公司都没有想到这个事件会因为不断地被转发，变成了一个全国性的热点。传统媒体时代，信息从发出者到接受者，只有一层关系，而在社交媒体时代，信息会经过几层甚至十几层的转发，形成裂变效果。而即便是虚假信息，传统媒体的闭塞让知情者无法发出声音，但社会化媒体却允许普通人成为信息的提供者。

尽管这个事件不能算是一次成功的营销，甚至带来了负面的影响，但是我们看到了媒体社会化之后信息的传播机制发生的改变，以及能够造成的影响。

2. 手段社会化

社会化营销在手段上开始从单向的输出，变成社会化的分享。我们开始注重交互，注重用户内容的产出。营销手段的社会化能够打破原本品牌和消费者之间的沟通壁垒，让品牌不再高高在上，而是能够接地气地跟用户做朋友。品牌广告不再是重要的事情说三遍，而是用讲故事的方式来吸引消费者；H5 让用户能够与品牌方互动；官微也一改企业内刊的模样，不再仅仅发布品牌公告、打折销售信息，开始更多关注用户体验，主动与用户互动。

手段社会化也不局限于社会化媒体，品牌把有着同样追求、同样生活方式的人聚集在一起，建立社群，真正地与消费者"面对面"沟通。

人是所有社会关系的总和，每个人都必然与其他人产生联系，有人的地方就有社会化，就会有话题与内容的传播，而互联网会让这个社会变得更小，让沟通变得更容易。从品牌营销角度来说，所有的营销都是品牌与消费者产生联系，而互联网营销中大获成功的案例，核心也几乎都是社会化营销。这也从实战的角度证明了互联网品牌营销的核心是社会化营销。

【案例】支付宝"集五福"活动

2016年春节前后，支付宝用一波"集齐五福，平分2.15亿现金"的红包活动疯狂抢占人们的视野。现金红包的诱惑、社交互动的乐趣，使得几乎全民都参与到了这场社会化的活动中。在活动的时间里几乎所有人都在求最稀缺的那张"敬业福"。

从结果上看，最终集齐五福的人不过才领到272元的红包，但支付宝的品牌与传播量覆盖了数亿用户，并在互联网得到多次反复传播，形成热议话题，影响进一步扩大。

案例分析：支付宝的红包活动也并不仅仅是一场简单的品牌营销活动，更加深远的意义在于通过此次活动使支付宝的社交属性更加深入用户群。在参与活动的过程中，用户需要互相添加支付宝好友，交换、赠送福卡，这些社会化的行为举动都能够帮助支付宝打通用户在支付宝内的社交关系。

【案例】YSL口红的社会化运作

2016年10月，整个社交网络被一支口红刷爆，彩妆品牌YSL圣诞限量版新品——星辰唇膏，一夜爆红，强势攻占了年轻男女们的视野。

在社交媒体上出现了大量的"给你买YSL星辰唇膏的就是好男朋友""叫男朋友送YSL星辰""我怀念那个不懂YSL的女孩"等话题文章，引发了爆炸式的转发，一时间女性受众的购买欲被完全调动了起来。

YSL在星辰系列发售前夕，通过产品本身高颜值、高质量的优势，配以话题性极强的推文形式，在社交网络（如微信朋友圈、微博）开始了预热。而社交网络的用户年龄及属性与品牌高度吻合，于是一发不可收拾，产生了轰动的传播效果。

同时，YSL星辰唇膏不仅引起了女性群体的关注，也使得男性群体参与到这次事件中。不明原因的人好奇YSL用什么开启了科普模式；微博上各大段子手开启调侃模式；男性群体针对"男朋友给女朋友买YSL"的话题引发了大量的"吐槽"，甚至引发了价值观层面的讨论。

案例分析：在YSL的营销活动中，社会化媒体扮演着重要的角色，品牌一改单向的信息传播，而是让这款产品成为人们茶余饭后讨论的内容，甚至成为社交货币。YSL的营销事件使得品牌获得的传播效应和社会价值的提升。而在其社会化的过程中，可以看到各方褒贬不一，不同程度地参与传播互动，令品牌和消费者产生了紧密的联系。

社会化营销能给品牌带来什么

先感动再销售，有了内心的触动，才会有稳定持续的转化率。广告从在消费者眼球的展示次数比拼，转到强调让消费者看到广告能够心生好感的比拼。而这其中，站在消费者的角度去思考、去设定广告策略，已经成为众多品牌的共识。在国际大品牌和一些新兴品牌的带动下，社会化营销被越来越多地运用。

社交是一种交际往来，是人们通过一定的方式或工具传递信息、交流思想，以达到某种目的的过程。社会化营销带来的，不再是品牌对于消费者的单项输出，而是一种互动的关系。在这个社会化互动关系中，除了传递出自身的品牌信息和获取销售利益外，品牌能够获取的效益还有很多。

1. 精准定位目标

传统媒体在寻找目标时采用的方式往往是撒网式，就是铺天盖地地撒满品牌信息，让目标受众看到的前提是让所有人都能看到。这样的方式一方面容易造成非目标受众的反感，另一方面更是品牌资金及资源的浪费。

而这一情况在社会化媒体上变得容易解决了。首先社会化媒体账号能够提供给品牌方大量的用户信息，地理位置、性别、年龄都变得可以划分。这样一来，女性用品的广告就不用再强推给男性；70 后喜欢的产品也不用再推给 90 后。

除了对基础信息的划分，社会化媒体另外一个特点是基于兴趣。用户因为兴趣被划分，被贴上了各种标签，品牌方需要进行广告投放时，根据用户兴趣的类别进行投放，就要比大范围撒网准得多。比如，一个人的兴趣标签有旅游，出行 APP、酒店、航空公司都可以把自己的信息推送给这个用户。对品牌方来说，这个用户转化成消费者的可能性也就更大。

除此之外，社会化媒体还能够获取用户的习惯，这也是社会化媒体能够帮助品牌找到精准用户的重要原因。做过社会化媒体运营的人都会知道，用户习惯是有迹可循的，任何一个社会化媒体都会存在阅读高峰期，而不同的时段，用户感兴趣的内容也有所区别。比如早晨上班和下午下班的路上，用户对轻松简短的内容比较感兴趣，而品牌如果想要推送一段较长的视频，则最好选择在晚上大家有无线网络的时候进行。

从用户的基础信息、兴趣偏好到用户习惯，社会化媒体都为精准营销带来了更多可能性，因此我们会发现，越来越多的大品牌逐渐开始把营销预算大幅调整到社会化媒体上。

2. 聚集品牌粉丝

伴随着品牌力的增强，一些品牌逐渐聚集了一部分品牌的忠实粉丝，但是在没有社会化媒体的时候，品牌的粉丝只是用自己的行动默默支持着品牌，对于品牌的口碑传播作用有限。这种情况下，品牌既无法找到自己最忠诚的粉丝，更无法把他们聚集起来，与他们进行互动。

社会化媒体则刚好相反，其允许用户与从前高高在上的品牌产生社交关系，这也让品牌更容易找到自己的忠实粉丝。《引爆点》的作者提出"个别人物法则"是引爆信息的条件，对于品牌而言，忠实粉丝就可能是品牌需要的"个别人物"。

社会化媒体时代，品牌可以有自己的社交账号，品牌的粉丝就可以通过关注品牌的社交账号，了解到第一手的品牌资讯。同时，这些粉丝都有着相似的兴趣爱好，品牌可以围绕这些兴趣爱好，把粉丝聚集起来，实现更为有效的传播。

另一方面，品牌可以建立社群，让粉丝之间形成社交关系。比如 NIKE 就建立了自己的跑步社群，通过跑步爱好者来影响更多人。小红书也把热爱品质购物的群体聚集在一起，从而制造出更多内容以刺激潜在的消费群体。

有了社会化媒体，粉丝甚至通过社交账号参与品牌组织的粉丝活动，或者向品牌反馈信息。在这个过程中，品牌粉丝的参与感提升、黏性增强，选择其他品牌的可能性就变得更小了。

3. 挖掘用户需求

以前品牌与消费者交流的渠道有限，除了单方面的输出品牌信息，就只有通过调研活动获取消费者的信息。随着社会化媒体迅速发展，品牌方多了一个聆听消费者声音的入口，这个入口能够在很大程度上帮助品牌更多地了解消费者。

现在这个时代从一定程度上来说是卖方市场，也就是说，用户买什么产品，很大程度上是由卖方决定的。对于用户需求的挖掘，不再是拍下脑门灵机一动就有的，而是要更深入地了解用户，从而知道他们需要什么。

小米就是通过挖掘用户的需求发展起来的。他们首先找到了手机发烧友，因为发烧友对于手机的需求要远远超过普通的用户。紧接着，小米就通过论坛发布话题让用户讨论他们最想用什么样的手机，这个时候就有一大批人开始发表自己的意见。开发出 MIUI 之后，小米也先发布到论坛让发烧友们试用，并提出自己的意见，这样小米就变成了"为发烧而生"的手机。

在以前这种方式几乎不可能实现，而社会化媒体让这种方式变得更加可行。用户会开始把自己的不满发布到各种社交媒体上，甚至直接给品牌方发私信。品牌方通过对用户的大量反馈进行分析，就可以更容易地了解到用户的需求，避免了许多弯路。

除了直接反馈，社会化媒体同样给了品牌方更多间接了解消费者需求的方式。一款新品上市，通过社会化媒体上的讨论声量，就可以大概判断哪个颜色可以多生产一些，哪个颜色可以少生产一些，避免库存积压。又或者，根据社会化媒体上用户关注点的走向，去开发更多热门产品。

社会化品牌营销除了给品牌带来了曝光，在精准投放、聚集粉丝和挖掘需求的方向上也为品牌方拓展出了更多可能。这些可能，要比眼前能获得多少阅读量、多少销售重要得多。

社会化营销如何衡量

奥格威说过"广告是为了销售产品"，传统广告是这样，那么我们衡量社会化营销的效果，是否也应该只看销量呢？这也是很多品牌，尤其是传统品牌最关心的问题，就是投在新媒体的预算能带来多少销售。

如果从促销角度来看，销量必须是衡量促销活动的重要指标，因为促销是短期的，是为了促进销售而进行的，如果没有带来销量，促销就不算成功。但是从品牌的角度来说，营销的目的就比单纯获得销量来得复杂得多。我们需要通过营销活动提升品牌的知名度和好感度，从而获取到最优质的客户，在这个过程中提高品牌的附加价值，也就能提高单个产品的利润。这就是除了销售之外，品牌需要衡量的指标，因为**单纯的销售量和销售额并不应该是品牌追求的目标，利润才是**。

1. 难以直接估算的营销价值

所有的广告效果在这个时代都是难以直接估算的，如果把品牌在营销上的每一笔投入都跟销量挂钩，你会发现结果是入不敷出的。传统时代的广告由于方式单一，很容易追踪到对销量的影响。商店里挂一个广告牌，店里的销量增加了，就是这个广告牌的功劳；给消费者邮寄产品画册和优惠券，有人拿着优惠券消费或者邮寄订购产品，这也是广告的功劳。

而如今人们接受广告的渠道多种多样，从户外广告到微信公众号再到视频贴片广告，广告的效果也变得综合化。一个人在一天之中接收到同一个品牌的信息就不止一次，此时非要在各种广告的效果之间做一个衡量，是盲目的行为。

除了广告渠道的多样化，销售渠道的多样也是广告效果无法直接被衡量的原因。品牌线下店铺、商场超市、天猫、京东、微信商城，一个消费者看到广告之后进行购买，并非会通过最直接的那个销售渠道。我看到了京东关于某个品牌的广告，但是可能更喜欢在天猫下单；我看了品牌公众号推送的产品信息，可能更喜欢到线下店铺购买。正是由于这些可能性，广告的效果再也不是单程票了。

因此，社会化品牌营销的效果衡量，不能只是一比一去看直接带来的销量，而是要综合考量品牌的知名度、好感度、销量等多重结果。

2. 明确社会化营销的目标层次

在进行营销活动之前，先确定营销活动的目标才能保证效果衡量的准确。而营销目标一定要有层次，就是以什么作为主要目标，以什么作为终极目标。前者是可衡量的，短期可见的；后者则是长期的，难以衡量的。

当品牌还没有知名度时，应将让尽可能多的人知道品牌和了解品牌作为首要目标；而当品牌已经具备很高知名度时，应将提高消费者的喜好程度及刺激消费作为这个阶段的目标。如果本末倒置，就无法实现营销效果的最大化。

举个例子来说，夏天是饮料和啤酒的消费旺季，在夏天啤酒和饮料品牌最需要的是刺激消费，于是我们会看到大量的广告投放。而如果在消费淡季，啤酒和饮料的广告投放频率会降低，以维持消费者对品牌的印象和好感为主要目标。营销活动的目标一方面决定了要传递的核心信息，另一方面也决定了媒体的投放方式。

3. 刷屏是偶然也是必然

不得不说，大多数品牌都希望自己的小投入能够换回大收益，这是人的共性。每个品牌也都希望自己能够有一条广告达到刷屏的效果，被所有用户讨论。但是，刷屏事件从概率上看是偶然现象，但是对于刷屏的品牌，背后一定存在着其必然性。

前两年红极一时的杜蕾斯微博一直是做社会化营销的人心中的神话。运营杜蕾斯的环时的负责人老金在分享团队做杜蕾斯这个品牌为什么能够成功的时候给出过一组数据，就是他们在杜蕾斯被大家熟知之前，坚持着每天发布 4 ~ 6 条微博，几千条微博之后，杜蕾斯才是今天的样子。

所以对于社会化品牌营销效果的衡量，不能只看表面，不能奢求一条微博发出去就马上有上千的评论，一个 H5 做出来就能有几十万的点击量。任何一个刷屏的品牌，在社会化营销的路上都不是一步至此，尤其是传统品牌的转型更是要花上比其他品牌更长的时间。所以不能总看着那些成功的案例，而不去分析其背后付出了多少辛劳，在营销中"投入和产出成正比"也同样适用。

我们会发现，那些早早就开始吃螃蟹的品牌，仍然在社会化营销的路上乐此不疲。这是因为即便无法直接衡量社会化营销带来的销量，品牌做的每一次投入也都在潜移默化地影响着消费者。

第 4 节　跟节拍：互联网品牌营销必须紧跟发展 3 步伐

对互联网品牌营销有了明确的概念之后，需要清楚的是品牌营销是需要不断升级的，即使以社会化营销作为重心，也需要在传播平台、传播内容上不断创新。

站在巨人的肩膀上

在互联网品牌营销中，一个取巧的方式是关注大牌。关注大品牌不是为了单纯地模仿，而是从大品牌的营销中获取自身需要的信息。

1. 前沿水平

作为大品牌来说，每年花在营销上的投入会比普通品牌多很多，尤其是在互联网营销板块，由于预算充足，大品牌也更敢于尝试新的营销形式。另一方面，大品牌所采用的代理商和供应商，也以行业内优秀的公司为主。这就决定了大品牌的营销能力在一定程度上，既代表了当下前沿的水平，也涵盖了短期内品牌营销的趋势。

2016 年宝马发布了一条刷屏效果的 H5，77 分钟就获得了过百万的点击量。之所以能够达到这样的传播效果，一方面是由于推送时的标题《该新闻已被 BMW 快速删除》勾起了人们的好奇，最重要的是 H5 采用了 H5+TVC 的方式，实现了在当时来说出乎意料的"页面扭曲、视屏碎裂"等效果。这些效果在技术实现上并不难，但是在表现形式上达到与手机应用深度结合的效果，并且具备极高的体验流畅度却是不易。

这则 H5 在当时也能够代表创意上和技术上的前沿水平，因此随后一段时间出现了许多基于微信和手机应用本身的视频型 H5。

潘婷推出的《潘婷 3 分钟奇迹》也是采用手机应用界面与视频结合的方式，短短几天内就收获了超 80 万的浏览量。我们去关注大品牌，就是要从大品牌的营销手段中找到时下最前沿的方式，甚至了解到短期内营销形式上的趋势。

2016 年 11 月双十一前夕，天猫推出了《来自宇宙的邀请函》，通过一镜到底和素材叠加实现了裸眼 VR 的效果。这一表现形式在当时也因为同样超过了人们对于 H5 的预期，才被用户疯狂转发。

在之后不久，腾讯发布了《 V 视界大会邀请函》，采用了与天

猫类似的形式，将画面素材单独分割出来，制造一种空间感。

通过对大品牌的关注，我们会得到在一段时间内相对前沿的形式和流行的参考，这是品牌进行互联网营销重要的灵感来源。

2. 借力打力

大品牌的受众基数大，覆盖的媒体范围广，因此当大品牌进行内容营销时更容易受到关注，很多时候这种关注会变成一种热点，可以用来借力打力。对于成为热点的大品牌营销事件，反应越迅速，获得的效果往往越好，毕竟在台风口上，猪都能飞起来。

苹果7发布时的一条快闪视频让用户眼前一亮，张弛有度的视频剪辑，加上应接不暇的文字快闪，配合节奏感超强的音乐无疑形成了一个绝佳的混搭效果。由于苹果品牌自身的话题性，这种视频形式又成本可控、制作周期相对较短，一时之间成为各大品牌模仿的对象。这已经不是苹果的广告第一次被模仿，宜家、KFC都做过"苹果风格"的视频广告，国内知名的零食生产商卫龙，甚至给辣条做了一个苹果风的网站，引起了众多网友参与讨论。

这种情况下，一种广告形式就像社会热点一样被广泛关注，越早搭上这班顺风车，就越容易被用户接受。而当这种形式已经不足为奇时，再用同样的形式就变得不再吸引人了。

其实当品牌资源不足时，能够抓住大品牌带来的热点效果，既能够借力打力，又能够在一定程度上节约品牌资源。但是需要注意的是，关注大品牌的核心目的不是为了模仿，而是为了找到更适合的传播手段并实现超越。

3. 分析原因

关注大品牌的时候除了形式和趋势的跟随外，还要懂得分析大品牌营销活动背后的原因，形式可能是一时的，但背后的传播机制却有着长期可用且可循的规律。

就拿上面提到的案例来说，宝马 M2、天猫双十一和腾讯动漫的 H5 能够成功刷屏，有一个很重要的原因是流畅度。此前腾讯互娱市场部创意设计中心发布的移动页面用户行为报告中指出"加载超过 5 秒就会有 74% 的用户离开页面"，对于大部分的 H5，一般消费者是几乎看不到的，更别说分享了。

再拿苹果的快闪视频来看，视频名称叫《别眨眼》，快闪的方式让用户必须目不转睛才能快速解读视频内容实际想要表达什么。而快闪就是因为文字速度快，用户更想一看究竟。另外，苹果的发布会大部分人并不会有时间去看完整版，但一个 2 分钟左右的视频刚好可以在社交媒体上传播。

很多品牌在进行营销，尤其是社会化媒体营销时，一时之间难以找到适合自己的思路。但是关注大品牌能够较为容易地了解当下的趋势，在最合适的时机搭上顺风车。更重要的是如果懂得分析大品牌成功营销背后的机制，就会更快把品牌营销带上正轨。

辩证理解"过去有效，现在失效"

营销具备一定的时效性，我们会发现一些好用的营销手段，一段时间之后就失去了效果或是对受众的吸引力变小。

营销之所以具有时效性，通常有以下几个原因。

1. 技术革新

一个新的技术刚用的时候效果比较明显，再用就显得落后了。比如 H5 刚兴起的时候，品牌做一个 H5 效果就会很好，但是随着 H5 技术的发展，普通的 H5 无法再让受众觉得眼前一亮，需要用更高级的互动来吸引用户。当用户对各种互动形式没有新鲜感之后，又需要更新的技术手段来给用户新的刺激。

曾经某一段时间双屏互动成为潮流，现在 AR、VR 技术处于风口，微信小程序又迎面而来，这些技术的革新都注定了品牌需要不断调整营销形式。

2. 热点变化

内容也是一样，一个阶段性的话题会引发大范围的关注，但是过了一段时间之后就不再有效。"匠心"这个话题曾经有一段时间备受关注，品牌传播的内容带上"匠心"的概念，就很容易让人产生共鸣。然而随着越来越多的品牌使用这个概念，用户也就进入了审美疲劳。

互联网营销时代，品牌需要时刻关注正在发生的热点话题，找到品牌营销的切入口。由于热点时刻在变化，需要同时注意追热点的时间节点，当错过了热点讨论的高峰期再去追，不仅达不到好的传播效果，还容易引发用户的反感。

追热点还需要考虑到热点与品牌的关联度，避免强行碰瓷，更不要去追逐负面热点，以避免给品牌造成深远的负面影响。

3. 环境变化

营销活动也会受到环境的影响，如消费环境、行业环境、媒介环境等。

随着消费升级，消费者关注的焦点不再仅仅停留在物质上，消费者对品牌的需求也从单纯的功能性，上升到了精神和态度层面。这个时候品牌的营销活动也需要随之转移重心，才能抓住消费者的心智。

餐饮行业原本只存在于线下，但是随着行业环境的改变，线上排号、移动支付变成了潮流，线下的企业也必须开始重视线上营销的拓展。

从纸媒到电视、广播再到社会化媒体，媒介环境也不断发生着改变，在纸媒和电视上有效果的广告照搬到社会化媒体上就不一定再有效果，因此媒介环境的变化也深深影响着品牌的营销活动。

4. 受众成长

消费者的观念和需求是一直在变化的，80 后、90 后甚至 95 后逐渐变成了营销主体，而随着年龄增长，他们的观念也在不断发生着改变。80后从垮掉的一代变成了消费的中流砥柱，90后从叛逆的一代变成了努力撕掉标签的群体，品牌必然要去适应消费群体的变化，依据这个变化调整营销的模式及手段。

品牌只有了解受众的变化和成长，并跟着受众一起成长，才能用最吸引消费者的方式打动他们。

用户总是难以满足的，尤其是营销形式和内容的变化，往往只有一个红利期，过了之后就很难再让用户产生兴趣。因此品牌需要抓住营销的红利期，及时掌握营销的趋势和动态。同时，品牌还需要根据大环境的变化和目标群体的转变，及时调整营销策略。

什么叫"核心理念没变，只是形式在变"

从传统广告到社会化媒体上的广告，我们会发现，营销的升级更多表现在内容载体和媒体的变化方面，主体的思路基本是稳定的。**广告还是用目标受众惯用的媒体，把品牌信息转化成消费者容易接受的内容传播出去。**

在当下的互联网营销环境中，以互联网媒体为主导的媒介传播方式以其区别于传统媒体的优势，如更精准的投放、更快速的传播、更多样的形式等，正在逐渐改变品牌与广告行业的营销业态。但是品牌在面临不同传播形式的选择时，营销目的与出发点却不会因为形式而发生改变，立足点仍然是根据品牌自身需求出发，根据受众的特点和属性进行制定，反之则会本末倒置。

同样，在营销的过程中，作为服务于营销的各种手段，也扮演着配合核心理念进行调整与投放的角色。而营销人员需要做的是如何在各种手段的基础之上，将内容制作得更加优质，使用更加适合受众的形式与渠道。

第 3 章

互联网品牌营销的 5 道金牌／"术"篇

懂得了品牌营销的本质，掌握了互联网品牌营销的方法之后，执行的过程中还需要具体的策略、创意、文案、视觉及影视板块来帮助实现营销效果。在本章中，将针对这 5 个板块给出一些实操上的指导，也就是互联网品牌营销中的"术"。

第 1 节　策略：构建营销的基础

策略，从字面意思来看是指计策和谋略。策略所包含的概念非常广泛，包括一个完整过程当中进行的一系列行动、思考、选择。营销策略可以简单地理解为：品牌为了某一营销目标，根据现有的营销问题提出解决方案，并在执行过程中，根据形势和发展调整方案，从而实现目标的过程。

20 世纪 60 年代，市场营销快速发展，从而出现了 4P 营销策略组合，包括产品（product）、价格（price）、渠道（place）和促销（promotion）。20 世纪 80 年代，在 4P 的基础上，又衍生出权利（power）和公共关系（public relations），统称为 6P。

不难发现，4P 是从生产商的角度出发提出的，后来广告教授鲍勃·劳特伯恩提出了 4C 理论，即从消费者的角度出发，将品牌营销拆解为客户需求（customer）、成本（cost）、沟通（communication）和便利（convenience）。

本书重点讲述的是如何"让品牌说话"，这是基于 4C 里的沟通层面提出的，因此这里介绍几种品牌传播策略思考方向，其中包括塑造品牌公信力、打造品牌故事感、提升品牌参与度及塑造企业家品牌。

塑造品牌公信力

在《引爆点》一书中，作者讲述了一个在美国独立战争时发生的故事。故事的主人公保罗·里维尔骑马夜行，使"英国人要打过来了"这则消息一夜之间传遍整个地区，当地民众不仅接受了信息，还采取了行动。恰恰就在同一时间，威廉·戴维斯也带着同样的消息穿过波士顿以西的城镇，第二天却只有几个人出来迎战。

我们不禁要问，为什么同样的信息，民众的反应截然不同，导致最终的结果也大相径庭？《引爆点》将这个现象解释为两个人物的不同：一个是具备社交天赋的联系员，另一个只是普通人。假如把两个人看成两个正在传播信息的品牌，导致结果不同的根本原因其实在于品牌的公信力，也就是品牌是否给了用户一个不假思索就可以相信的理由。

在品牌营销中，尤其是当下信息爆炸的环境中，品牌的公信力是制定营销策略时的思考基础。一个品牌要想让更多的用户产生好感，进而发生购买行为，必须要先让用户信任。获取信任往往不是一蹴而就的，这对于产品本身有着非常高的要求。但是在思考品牌传播策略时，可以优先考虑如何让品牌以最快的速度获取信任。

1. 塑造权威形象

通过权威形象塑造品牌公信力是一种行之有效的方法。尤其是对于 B2B 企业，在没有把产品直接卖给普通消费者的情况下，如何获取更多人的信赖以提升品牌无形资产变得尤为重要。通用电气（GE）就深知其中的道理。GE 所涉及的领域时刻影响着我们的生活，但是因为我们往往很容易记住一款饮料的牌子，却会忽略医院里治病救人的器械、航天局把卫星送上天的设备，所以很多人不知道 GE。

2016 年下半年，通用电气就在朋友圈投放了一个视频 H5：几个朋友在火锅店谈论着现在的工作。GE 的软件工程师晓飞说他写的代码可以让医院之间的机器对话，还可以让城市供电更高效。而他的朋友们，其实就是作为普通大众的我们，对于他所说的内容并不感兴趣，反而觉得其他人做的娱乐 APP 更有意思。GE 就这样，通过一个开发人员的嘴巴，跟一群不明所以的人讲述着自己的职业，平淡的叙述里却有着满满的自豪感。就算不清楚 GE 具体是做什么的，但是消费者会知道这就是 GE，以及他们的每一个员工在做的事情。GE 要让世界好一点点，尽管不受关注。把极具专业性的行业信息用轻描淡写的方式表达出来，就是 GE 塑造品牌权威形象的方法。

要塑造品牌权威形象，通常可以通过权威人士认可、权威媒体报道和与权威机构合作等方式实现。比如蒙牛曾经请中国航天第一人杨利伟代言，并宣传"中国航天员专用牛奶"，这让蒙牛看起来很权威。再比如运动品牌往往会与一些运动协会或机构进行合作，或是赞助一些专业赛事。

知乎本是一个网络问答社区，但由于很多行业精英在知乎回答问题，让知乎变成了比其他网络社区更具权威性的媒体。也正是因为如此，一些品牌开始在知乎建立自己的账号，或者通过知乎的一些答主来回答关于品牌的一些问题，从而体现品牌的权威形象。

2. 刻画细节

2016 年临近双十一时，一则京东的 H5 在朋友圈刷屏，这并不是因为这则 H5 运用了多先进的技术，而是因为京东玩了一把煽情，讲出了经常被我们忽略的快递员的故事。京东自有的配送体系一直是它的竞争优势，上午下单，下午就收到货的购物体验深得人心。而作为用户，我们都不知道京东的快递员是怎样对快件负责的，至少在看到这条 H5 之前，很多人并不觉得京东的快递员与其他快递的快递员有何不同。

正如安徽宿州符离集站配送员黄长远所说：一直听说这山里有个千年古庙，庙里只有一位老僧，送完货才知道，我送的竟然是千年第一单。

11个不为人知的细节被京东还原，并用快递小哥朴实的语言讲出来，让消费者切实感受到这次双十一的理念——"京东就在身边"，也同时表达出了京东配送体系"让购物放心，让快递安全到达"的承诺。

在通过细节展现信任感方面，农夫山泉也很擅长。尽管你不一定看完过农夫山泉送水工和水质检测员的故事，但是对里面的一些画面一定有印象。农夫山泉通过实地拍摄的视频，讲述在矿泉水的供应体系中一个个渺小而又重要的人物的故事，让消费者了解到农夫山泉从水源到生产，再到配送，每一个环节都有人严格把关，从而产生更强的品牌信任感。

3. 公益行动

在互联网出现之前，品牌通过一些传统的渠道进行传播，当时电视广告大行其道，用一个个强制性广告霸占着消费者的时间。在众多电视广告中，少有广告内容会让用户明知道是广告而想要看的。但其中有一种广告除外，往往会让人愿意看完，而且心生感动，这就是公益广告，因为公益的性质，打动着人们心中最柔软的地方。每一个人都有善良的一面，品牌的公益行动就是挖掘消费者的善良，用自己真实的公益行动，塑造品牌在消费者心中的公信力。

冰桶挑战风靡全球，渐冻人协会（ALS Association）因此募集到了超过1.15亿美元的善款。作为外卖平台的饿了么，自主打造了927（就爱吃）吃货节，为了吃货节的宣传，联合品牌代言人著名球星科比，发起了一场西部儿童篮球梦想挑战的公益活动。该公益活动通过H5游戏进行传播，一上线就受到了众多明星关注，并纷纷参与传播。直到活动最后，科比官方微博发声，给活动画上句号。

企业发展到一定程度，除了不断升级服务和产品外，还要承担起足够的社会责任，这也是提升品牌公信力极为有效的方式。在社交媒体发达的今天，品牌方做公益已经不是向灾区捐款做无名英雄那么简单。结合有趣好玩的活动，引导全民参与，不仅能够让用户感受到品牌的责任心，更能用小的投入带来大的回报。

公信力是品牌的一种无形资产，是长期积累形成的。在人人都是媒体的当下，品牌的公信力一方面需要从产品层面逐步实现，另一方面也要从品牌传播层面进行延伸，从而达到最好的品牌传播效果。

打造品牌故事感

随着网络科技的发展，以前硬邦邦的广告已经行不通了，消费者在众多同质化产品中进行选择时，往往更关注的是品牌的核心理念，以及使用这个品牌带来的附加价值。比如耐克的核心价值是"just do it"的运动精神，不管你的运动水平如何，即无论是菜鸟还是运动高手，只要穿着耐克的运动装备，就被赋予了一种运动精神。

这种情况下，在品牌传播时单纯告诉消费者产品的优点已经不够了，必须通过品牌的核心价值延伸出故事来打动消费者。

打造品牌的故事感，并不是去虚构，为了讲故事而讲故事。进行品牌传播的故事必须围绕品牌，将核心价值用故事的方式展现出来，让用户更容易接受。否则故事讲得再好，消费者也不会买账。

1. 讲述品牌故事

一些奢侈品品牌本身就有着非常好的故事资本，因为通常奢侈品都具有悠久的历史，在家族的传承和对品质的执着追求中才有了今天的地位。因此在进行奢侈品品牌的传播时，把品牌故事讲好，是一门重要功课。

从奢侈品的公众号中我们不难发现，几乎所有的奢侈品品牌都用讲故事的方式进行消费者教育。常见的故事有品牌发展历程、创始人理念及与品牌相关的名人的故事，香奈儿就是其中非常有代表性的品牌。香奈儿的品牌个性也是基于香奈儿女士的时尚理念。20世纪初的法国，女士服装以大裙摆、繁杂的装饰为时尚，就在这个时候，香奈儿女士开了自己的一家女帽店，受到了很多女演员的垂青。香奈儿女士认为，女人的美可以通过更简洁优雅的方式呈现出来，于是她对一些男士衬衫进行裁剪和重新设计，制作出了具有时代意义的香奈儿套装。这个传奇的故事就是香奈儿品牌最好的传播素材。真正热爱时尚的人，都向往着香奈儿精神，而品牌只需要在这个基础上找到适合的传播方式和渠道即可。

还有一些品牌不像奢侈品一样有这么值得传播的创始人故事，

但是它们同样有着悠久的历史，也在历史发展中逐渐形成了品牌核心思想。2016年是new balance成立110周年，百年如一日的坚持造就出了这个品牌，这也自然会带给消费者感动。new balance联合李宗盛，以"每一步都算数"的slogan讲述了品牌110年不追求量产，保持匠人精神的故事。一些品牌因为历史而老化，逐渐脱离了年轻消费群体，却仍然有一些品牌正是因为沉甸甸的历史，被更多消费者认可。

消费者并不会因为品牌"资历老"就选择它，因此众多老字号品牌面临着被淘汰的局面。六神花露水在品牌年轻化的道路上，正是抓住了品牌"老"这一概念，玩上了怀旧营销。一则《花露水的前生今世》，让更多年轻人被这个老品牌感动，也勾起了很多人小时候在炎热的夏天用花露水驱蚊的回忆。

本身具备可挖掘故事的品牌，在进行品牌传播时，向品牌内核回归，讲述品牌故事，就是一种非常有效的策略。当然，在进行品牌故事挖掘时，要考虑用年轻受众更喜闻乐见的形式，以及更偏爱的触媒渠道。

2. 挖掘用户故事

品牌诞生的速度越来越快，大多数品牌是没有故事可讲的。这个时候，品牌需要做的是找到自己的精准用户，讲出他们的故事。你必须知道是怎样的一群人在使用你的产品，或者你希望的消费群体是怎样一群人，去了解他们的生活状态，他们的内心需求。通过这些了解，去挖掘那些能够与他们的生活、他们的心态产生联系的故事，以此来进行品牌核心理念的传播。

"小时光面馆"是统一面推出的一系列发生在面馆里的故事。这里的小时光面馆就是故事发生的地方，而每一道料理都是一种心情。给每一道料理配上一段人生感悟，把味道与人生百味糅合在一起，从而传达统一的品牌观念：用心做好每一份面，以心情调味。

发生在小时光面馆里的故事，普通得不能再普通，就像是每一个会吃泡面的人曾经经历过的故事一样。而人生本来就是五味杂陈的，每一个看故事的人和正在经历故事的人都瞬间与品牌产生了联系。

在利用用户故事进行品牌传播的过程中，SK2 也值得一提。SK2 的用户群体是具备一定经济能力的独立女性，这类人群虽然在社会中处于相对高的阶层，但同时也面对着更大的压力。尤其是超过 27 岁还没有结婚的女性，被冠上"剩女"头衔，往往备受家长和亲朋好友的议论。SK2 代表自己的消费群体发声：我们要掌握自己的命运，我们需要得到社会的理解，我们要改变自己"被议论"的命运。

社会飞速发展的同时，给不同的人群带来了不同的压力，比如80 后曾被称为"垮掉的一代"，现如今的 90 后又被定义为"不靠谱"。想要俘获目标群体的心，就必须让他们知道品牌跟他们站在一起，能够代表他们的态度。

品牌的故事性能够让品牌摆脱生硬的形象，真正与消费者产生联系。好的品牌故事，不仅能打动用户，更能被用户主动传播。

提升品牌参与度

当下的品牌传播活动中，参与度越来越受到品牌的重视，也逐渐成为考核品牌营销效果的 KPI 之一。但是，品牌传播不能单纯停留在追求活动参与人数的层面，更应该思考的是如何提升品牌的参与度，让更多人喜欢并愿意亲近自己的品牌，也能体会到使用品牌带来的便利与附加价值。

1. 场景化

场景化营销作为一种新的营销方式，已经逐渐被许多品牌尝试和使用。场景化营销捕捉的是互联网用户现实生活的场景以及虚拟的网络场景，在这两个不同维度中，每个人每天都在经历着各种事件。品牌将信息植入到某个场景中，进而影响消费者的购买决策，这种方法就可以称为场景化营销。场景化营销之所以有效，主要是因为在熟悉的场景出现时，人们倾向于根据以往的经验来做决策。品牌需要做的就是模拟用户可能遇到的场景，让用户提前参与到品牌的购买场景或使用场景中，从而给用户产生心理暗示。

场景化营销最常用的方式是塑造现实生活场景，让消费者切身感受到品牌带来的利益，增强品牌好感度。在进行场景塑造时，首先要明确目标群体，然后推导出目标群体使用产品或者进行购买的场景，通过活动、视频、画面等形式将场景展现出来。

2016 年 9 月，京东超市推出的一组海报就抓准了目标群体。在海报中通过场景化的画面和文案，展现了超市购物这个常见的场景，挖掘出消费者去超市购物遇到的种种问题，同时给出了解决方案：超市还是网逛好。

在这样一组海报揭开你逛超市时提着大包小包还抱着孩子，或是在收银台前排长队的伤疤之前，你或许已经习惯了这样的状态。京东的海报就是看准了消费者平时经常遇到却没有重视的痛点，用场景表现的形式将其放大，从而推出品牌的优势。

再好的场景表现，也不及消费者的切身体验。2016 年下半年，肯德基针对新推出的现磨咖啡，联合喜马拉雅 FM 进行了一场营销活动，活动带着消费者一起玩，让消费者亲自感受到了肯德基营造出的场景。炎炎夏日，没有人愿意顶着烈日出门，但是整天在家又不是办法，肯德基给了人们一个好去处。一边享受着肯德基的空调和咖啡，另一边享受着喜马拉雅 FM 带来的音乐，这无疑是年轻人在酷暑季节最想拥有的生活。

通过场景化的体验，肯德基完成了夏天"咖啡 + 音乐"的联想，给了消费者一个以前从来没有想到过的好去处，进一步提升了品牌的参与度。

网络的普及让更多人的生活从线下搬到线上，我们通过网络订餐、购物、打车、社交，虚拟场景已经成为生活中不可或缺的一部分。这也是 VR 技术能够快速发展的原因，虚拟场景让许多用户从未想过的幻想变成了现实。

匡威一向以时尚、个性为标签，在匡威推出的一款交互游戏中，邀请了近几年红透半边天的"攀楼明星"Vadim Makhorov 和 Vitaliy Raskalov，带领用户一起攀爬莫斯科最高楼——水银城市大厦。在交互游戏中，玩家可以通过拖拽、旋转、点击屏幕，用第一人称视角来体验整个登顶过程，最终俯瞰脚下的整个城市，并看到匡威的帆布鞋植入。

匡威通过给用户打造一个平时根本无法体验到的场景，将品牌的个性、挑战的理念结合进去，一方面让用户在想到极限运动时就会联想到匡威，另一方面也鼓励用户去勇敢挑战自我。

过去品牌总是高高在上，跟消费者之间无法互动，而当年轻人成为主力消费群体后，过于端着的品牌就无法再让消费者产生共鸣。场景化的塑造是让用户参与品牌活动最直接的方式，通过使用场景给消费者以品牌联想，强化品牌在消费者心目中的形象。

2. 娱乐化

不难发现，能够跟年轻消费群体打成一片的品牌，在年轻群体中都较受欢迎。品牌传播的最基本原则就是用户在哪里，品牌就去哪里，而娱乐正是年轻群体感兴趣的内容，因此品牌的娱乐化也就成为品牌传播时需要着重考虑的因素。品牌的娱乐化并不是把品牌变成一个搞笑、幽默的角色，而是发现或赋予品牌部分幽默基因。真正美好的品牌，就应该带给人快乐，正如可口可乐倡导的"open happiness"一样，品牌应该用属于自己的方式为消费者带来快乐。

对于奢侈品和定位高端的品牌而言，正确的娱乐化并不会改变品牌本身的调性、让品牌看起来廉价，反而会给更多人了解和亲近品牌的机会。要想让消费者购买产品，必须先与他们产生关系。

Kenzo 作为奢侈品品牌，在最新推出的一则视频广告中就一改大牌香水普遍展现女性优雅、华丽面的作风，刻画出了一个不走寻常路的"女神经"形象。这样的广告会让人初看时会心一笑，再看时会感受到品牌想要表达的鲜明观点。是的，年轻群体越来越追求独立和个性，越来越希望自己和大众不一样，那些在舞会上穿着礼服跳着华尔兹的优雅女性不再是年轻群体想要的模样。

方太是定位高端的厨具品牌，在近两年的营销活动中，他们却通过一系列神转折的幽默视频深入人心。高端的品牌产品也是给人用的，在豪华的厨房里用高科技的厨具进行烹饪，本来就应该是快乐的事情。因此，在制定品牌传播策略时，可以考虑品牌或产品通过什么能带给用户快乐，以此作为出发点进行品牌传播。

在品牌自身还没有找到合适的娱乐化出口时，将品牌进行娱乐化植入可以算得上是一种捷径。近两年视频网站发展迅猛，一大批网络综艺节目和网剧应运而生，这又给了品牌一片可以开发的田野。网络节目与电视节目不同，广告的植入不再生硬，形式可以多样化、个性化，甚至可以做深度结合。

东鹏特饮在网剧里表现十分亮眼，先是在热播剧《老九门》中通过原创贴片的形式进行无缝植入，后又在《麻雀》中扮演了吐槽帝的角色，用一句句经典的文案吐槽着剧情并加入了品牌信息。其实这些娱乐化的植入都是在告诉受众一个核心信息：喝东鹏特饮，醒着拼。

在品牌娱乐化的过程中，无论是场景塑造还是开发品牌娱乐化基因，都必须以不降低品牌调性为前提。品牌可以采用不同的营销策略和传播方式，如 Kenzo 的用轻松活泼的人物形象、方太屡试不爽的神转折创意和东鹏特饮在影视中恰当植入。但无论是什么策略和方法都需要首先认准目标人群及其痛点，以更具针对性与娱乐性的方式提升品牌的参与度，同时准确传达品牌想要表达的内容，并更好地维持品牌形象。品牌需要的不再是摆架子，而是用更接地气的方式，让消费者参与进来。

企业品牌 + 企业家品牌

"我是陈欧，我为自己代言"，这句话仿佛一夜之间传遍了整个网络，陈欧作为聚美优品的创始人，把自己塑造成了品牌代言人。彼时，聚美优品才刚刚起步，也没有被广泛接受，但是陈欧的形象却先一步深入了人们的脑海。

在品牌传播中，由于企业本身是非生命体，容易给人很强的距离感，这个时候就需要一个具体的角色或是人物来为品牌说话。有些时候这个角色会是品牌的吉祥物，而随着创业潮的到来，越来越多的人对企业家如何白手起家，如何管理团队逐渐产生了浓厚的兴趣，企业家品牌也应运而生。因此在进行品牌传播时，将企业家品牌与企业品牌结合，也是一个可以入手的策略方向，可帮助品牌更好地进行传播。

1. 企业基因

由于企业家形象会直接被人理解为企业形象，故企业家必须具备足够的企业基因，这个基因也是整个企业家品牌传播的核心。比如聚美优品，一个年轻、时尚的企业就需要一个年轻有为、帅气时尚的企业家来作为代言人，刚好陈欧的个人形象符合品牌传播需求。让大众记住一个人，要比记住一个品牌容易得多。

企业基因除了表现在外表，更多需要表现在企业家的行事风格上，这就应了那句"要身体力行你的品牌"。一个企业从上到下的风格都是企业基因的展现，尤其是企业家，既是企业基因的定义者，又是企业基因的践行者。

2. 企业家人物属性

企业家与企业不同，是有生命的个体，那么在利用企业家品牌进行传播时，要重复考虑人物属性。所有人都是不完美的，是有态度的，所以通过人也能够带给品牌一种性格。格力集团的董明珠雷厉风行的性格就很容易被消费者代入到格力这个品牌；小米公司的雷军的热情就会让消费者感觉到"为发烧而生"。每个品牌都需要成为自己，而不是试图变成其他品牌，因此企业家也应该成为企业家独有的样子，把人物的属性发挥到淋漓尽致。

企业家的人物属性必定有其不完美的一面，因为完美的人是不存在的。正是因为不完美，企业家才能够以人物的属性帮助品牌传播，进一步被消费者记住。

"企业品牌 + 企业家品牌"的策略，是把两者的优势进行结合，企业品牌的公信力和特色的人物属性，是许多企业既被信任又给人很亲切的感觉的原因。

第 2 节　创意：意料之外，情理之中

创意，是指基于对现实存在事物的理解及认知衍生出的一种新的抽象思维和行为潜能。在进行品牌传播时所说的创意，可以理解为通过独特的技术手法或巧妙的广告创作脚本，更突出产品特性和品牌内涵，并以此促进产品销售。

事实上，创意无处不在，拍摄视频时需要创意，写文案时需要创意，制作 H5 时需要创意……这个时代是互联网信息泛滥的时代，想把品牌信息传递出去，没有创意的确很难做到。那怎样的创意才能最大程度传播品牌信息，实现传播效果最大化呢？

左手品牌，右手创意

创意从来都不是凭空想象的东西，纵观人类发展历史中出现的一切发明，都有着非常明确的起因。品牌传播时的创意也是一样，起因就是我们需要传达品牌信息，让最多的目标群体接收到信息，并促使他们对品牌信任和为品牌买单。因此，所有的创意都应该基于品牌，把品牌放在创意之前。王尔德曾说：做自己，因为别人都

有人做了。放到品牌上这句话也同样适用，做自己的品牌，不要试图成为其他品牌。

1. 创意的目的性

进行创意之前首先需要考虑的是品牌目的：是新品上市需要进行消费者教育？是成熟品牌在消费旺季形成足够的曝光？还是新品牌想迅速建立知名度？对于品牌目的，更直观的理解就是想要传递出的信息是新品牌想告诉全世界"嗨，我在这里"，还是作为创造者的品牌想表达"对，这个东西就是我发明的"，又或者是占有率第一的品牌想说"全世界 40% 的用户都在使用我"。

目的不同，需要的创意也就不同。有时候一个创意可以同时达成几个目的，但是几个目的之间必须有主次之分。

举个简单的例子，方太做过一组造字活动的传播，将水槽洗碗机、智能油烟机、蒸微一体机三款产品用拼字的形式表现出来，让用户猜测。这场传播的目的在于消费者教育，每一个字都是延伸出的产品的功能属性。水槽洗碗机和蒸微一体机是新概念，进行消费者教育是第一步，与之后的"蒸爱快递"系列视频的传播目的截然不同。

创意的目的性会直接影响营销活动的目标及相对应的考核标准。大数据时代几乎所有的东西都"有据可循"，但是若目标定得不合理，执行人员就会只为了完成数据而做，这就根本称不上创意。

没有目的性的创意还会存在的一个误区：为了创意而创意。企业管理者和营销部门的人经常犯的一个错误就是，看其他品牌做的创意很好玩，自己也想做一个。这样做无异于自娱自乐，自己做得开心，却达不到任何实际的效果。创意公司在这一点上也很容易把持不住，为品牌进行服务时，为了实现天马行空的创意，不考虑企业的营销目的，无视创意活动的投入产出比。

2. 创意的一致性

一个强大的品牌，一定是辨识度高、个性鲜明的，而不会去设法变成其他品牌。因此在进行品牌创意的时候，要保持创意的一致性，即通过坚持用与品牌的价值观和调性统一的内容去塑造品牌的个性。尽管我们总是会为好的创意动心，但是并不是所有好的创意都适合你的品牌。

创意要符合品牌的核心价值观。星巴克是一个不做广告的品牌，但是星巴克却知道自己做哪些事情利于自己的品牌传播。一个比较知名的案例就是，星巴克在美国的店铺中的店员会故意把纸杯上客人的名字写错，或是用搞笑的方式进行拼写。在社交网络的推进下，被写错名字的消费者纷纷拍照上传，星巴克的名字很快就被传播开来。

其实星巴克的核心价值是提供优质咖啡，并为消费者提供一个浪漫、舒适的享用咖啡的环境，从而进一步促进人们的交流和联系。而这种幽默有趣的方式，恰恰符合星巴克想要创造轻松氛围的目的。但是想象一下，如果写错名字的是保险公司或者医院，这个品牌恐怕就会毁于一旦了。

创意还要符合品牌的调性。杜蕾斯在社交媒体上是一个被人津津乐道的品牌，一方面是因为产品本身的话题性，另外一方面是杜蕾斯的品牌传播活动总是创意十足。2016 年上线的《杜蕾斯美术馆》，通过 H5 技术搭建了一个具有 3D 效果的虚拟博物馆，用多彩情趣啫喱描绘著名艺术画，把情趣话题用艺术、有趣的形式表现出来。

性是美好的，艺术也是，所以《杜蕾斯美术馆》会刷屏。如果你想做和杜蕾斯一样的创意，你需要考虑的是，这个创意是不是符合品牌的调性。假设你的产品是卫生巾，你用不同长度的卫生巾做一个美术馆，消费者就不一定觉得美了。

3. 创意的操作性

创意不一定都是原创的，也可以是对一些已有的创意进行重新排列组合的结果。但是无论是否是原创的，最终都需要把品牌放在第一位，而不是把创意放在第一位。先弄清楚品牌定位、品牌调性、品牌核心价值，再去考虑创意，才能真正生产出有效的创意。另外，创意最终是要给受众看，传递品牌信息并影响受众行为的，因此在思考创意时，要一并思考创意的可操作性，即一是可实现的，二是体验顺畅。

人类自古以来就对月亮抱有幻想，但是真正第一次登上月球却是在 1969 年；《星球大战》的导演卢卡斯为了拍摄真正意义上的科幻电影，首先成立了光魔公司来制作特效，之后才进行实际的拍摄工作。这些都说明了人类的想象力是无限的，但在现实中需要足够的条件才能完成。

现在的品牌传播与奥格威时代不同，当时的创意可能只是一段文案或者一幅画面，现在则要复杂得多，这除了表现形式外，还会涉及更多背后的技术，比如一个简单的画面就可能要用到 3D 建模技术。这样就需要创意工作者在一些限定的条件内进行思考。

在进行创意工作时，经常会有很多异想天开的点子，如果条件允许（时间、成本、技术等），制作出来可能会很震撼，但实际面临的情况往往是不具备条件。因此在进行创意的头脑风暴时，需要及时杀掉那些超出实现条件的创意，这个过程虽然痛苦，但是对于创意工作来说却是十分必要的，这是提升工作效率的必然过程。

2016 年双十一的时候，天猫制作的《穿越宇宙的邀请函》在一夜之间刷屏，令人惊叹的是这个作品给大家带来了裸眼 VR 的效果。VR 技术已经被炒作很长时间了，但实际应用并不广泛，拥有 VR 眼镜的人也终究是少数。天猫这个 H5 的成功之处在于，竟然用平面的素材做出了 VR 的效果，让对 VR 技术还不甚了解的大众体验了一次 VR 带来的震撼。其实这个 H5 本身也是支持 VR 的，从天猫自身开发能力上来说根本不用担心技术无法实现，但正是由于有了对操作性的考虑，才让这只 H5 变得更不简单。

4. 创意的有效性

说到创意的效果，不外乎是实现产品、品牌的传播，提高品牌的知名度、消费者的喜爱程度，从而最终达成销售。但有些时候一个创意虽然能形成大量的曝光并引起社会化的讨论，但对品牌和产品却毫无帮助。

某公众号发起的"逃离北上广"的事件营销一度引起了广泛讨论，掀起了一场社会性的活动，该公众号在传播过程中名声大噪，但是真正的品牌方却被埋没在这场活动中。没人记得品牌的名字，更不用说品牌的产品特性和最终的转化效果了。这样的营销，创意是有了，但效果并不尽如人意。

营销事件虽然都以达成销售为最终目的，但是并不能仅通过一次传播就达成。因此品牌传播需要分为多个阶段，创意的产出前提是明确当下的阶段需要达到怎样的效果。这个效果可能是提高消费者对产品的认知，可能是增强消费者对品牌的好感度，也可能是改变品牌在消费者心中固有的形象。

明确了实现某种效果的目的后，还需要制定合理的、可衡量的目标，通过对营销活动的检测来判断该活动的效果是否达成。

在广告投入的 ROI 无法精准计算的时候，创意的有效性也难以衡量，此时往往不能单纯从销售转化角度去判断营销活动的成败。品牌传播是一个逐步积累并最终达成目标的过程，所以在进行品牌创意时，一定要清楚自己想要达到的最终效果是什么，并以实现这一最终效果为一切指导原则，不能用某一次的结果或某一方面的结果进行评估。

洞见大于创意

我们先来回忆一下广告制作的基本流程：调查—分析—洞察—创意—执行，调查和分析都是基于已知信息进行的理性分析。而洞察是一种感性的分析，是透过现象看到本质，从受众的视角去解读他们为什么有某种想法、某种行为，从而找到影响受众想法和行为的方法。

BBDO 创始人曾说过：好的创意能做好一个广告，而好的洞察能够产生很多好的创意。

创意本身就是表象的，有洞察后创意才会被赋予灵魂，受众才能够透过创意去感受更深层的含义，并产生相应的情感态度。

1. 突出的产品利益

产品之所以被开发，是因为解决了某些人的某些问题，或是为某些人带来了某些好处，这就是产品利益。对于一些品牌或一些产品来说，这个产品利益是非常明显的，或者是能够区别于其他品牌的，甚至是能够开发出新的细分市场的。此时基于产品利益的洞察是最有效的洞察，也能够催生出很多创意。

王老吉就是利用这样的品牌洞察一举深入人心的。当时的软饮料市场被碳酸饮料和茶饮料占据，乳品饮料也逐渐打出了自己的一片天。而作为不被大家所熟知的凉茶就需要与其他饮料区分开。凉茶想从一种药类的饮品发展到被大众接受的饮料，要解决的一个最重要的问题就是如何从一个独特的角度切入市场，最终他们选择了"降火"。先不说凉茶饮品是否真的能够起到降火的作用，仅因为"怕上火，喝王老吉"这句广告语，消费者就开始知道原来有这样一种饮料存在。

移动互联网时代，新的产品不断被开发，突出的产品利益不仅是产品经理的责任，更是营销部门需要牢牢掌握的利器。产品部门在不断寻找新的产品利益，开发新的细分市场，营销部门则要从产品利益出发，让产品信息能够迅速占领消费者心智。

"滴滴一下，马上出发"算得上是对叫车软件产品利益的精辟总结，也变成了滴滴在进行营销时的创意源泉。面对消费者叫车难的问题，所有的叫车软件都有自己解决痛点的方式，也都有相应的资本背景支撑，当时除了价格战，滴滴真的做到了挖掘并提炼出突出的产品利益，进而深入人心。再到后来的专车、顺风车，我们都能看出找到突出的产品利益是新产品进行品牌营销的第一步。

2. 独特的价值主张

如果没有突出的产品利益，品牌又该如何进行营销洞察呢？我们可以参考一个格局基本稳定的市场来找答案。

先看一下运动品牌市场，NIKE、ADIDAS 和后起之秀 Ander Armour 都是运动鞋服品牌，他们的产品除了设计上的不同和某些材质差别外，几乎是同质的，但是三个品牌却有着不同的消费群体，这就是品牌在进行营销时独特的价值主张带来的区别。所以品牌进行营销洞察时，可以从坚持独特的价值主张入手。

随着近两年社交媒体的发展，这些价值主张更是渗透到了消费者的日常生活当中。NIKE 是明显的鼓励者，他们倡导无论你是谁，都可以有运动精神的核心价值；ADIDAS 则是鼓励人们超越自我，坚持个性；而更注重专业度的 Ander Armour 则让人们不要只关注结果，没有付出就没有回报。正是因为有明确的品牌价值主张，品牌才能够凝聚起认同这种价值主张的人群，让消费者有归属感。

我们再来看看大家熟知的可乐市场。厮杀了多年的可口可乐和百事可乐的市场份额已趋于平稳，他们的消费者群体也产生差异化。选择可口可乐的人，都是喜欢分享的人；而选择百事可乐的人则多数是喜欢音乐或是更年轻的人群。

由此我们可以看出，品牌营销的创意都会围绕着自身独特的价值主张展开，不可偏离，因为一旦偏离，就等于背叛了原来那些认同品牌价值主张的消费者。

3. 受众的内心独白

我们会喜欢一个品牌，有可能是因为这个品牌给我们提供了独一无二的产品或服务；也有可能是品牌表达了某种我们认可的价值主张；还有一种情况是，品牌能够代表一群人发出声音，说出我们的内心独白。

对于多数人而言，每个人都有自己想要表达但难以启齿的情绪，又或者是找不到合适的言语来告诉别人"我是怎样的人""我在想什么"。这个时候，品牌的作用就不再是产品和价值观那么简单，很多时候品牌就代表了消费者的态度，甚至品牌的文案就是受众想说但说不出口的内心独白。

Olay 在一场营销战役中提出了一个"洗洗不睡"的概念，背后的洞察就来自于年轻人总是会被人打击说"洗洗睡吧"，而这群人叛逆，不想被贴上标签。虽然不是所有叛逆都会被人接受，但是 Olay 准确地捕捉到了这部分被忽略的年轻人的心声，说出了这群人的内心独白。他们会把这个内容转发给身边的朋友，告诉他们"我就是洗洗不睡"。受众会因为品牌跟他们站在了同一边，而对这个品牌心生好感。

掌握人性的开关

经典电影《七宗罪》中讲述了七个由人性弱点引发的犯罪案件，一个连环杀手以人性的罪名惩罚那些无法约束自己的人。艺术作品源自生活，并将其夸张地表达出来。现实生活中，虽然不像电影里那样么极端，但不可否认，人性确实存在许多弱点。

在品牌传播中，如果能够恰如其分地找到人性的开关，并适当加以利用，则能够让传播变得事半功倍。在这里不再赘述如好色、贪吃等人性的弱点，我们从网络习惯的角度出发，探讨几个适宜做传播的人性弱点。

1. 炫耀

人类的一个致命弱点是虚荣心，这也是刺激内容传播的一大诱因。很多时候品牌处心积虑想做出好玩的内容，但是往往会发现，不及一个能让人在朋友圈晒炫的图片或者 H5 来得效果好。

照片测出来只有 18 岁，值得炫耀一番；我有 A4 腰，必须晒一下；花大价钱看了一场演唱会，必须在朋友圈直播；甚至玩一个看似和智商有关的小游戏，都要说一句"不服来战"。

社交网络的发展让炫耀的成本变得更低，人们也就越发变本加厉。所以很多时候，品牌传播进行的创意，若最终能让用户在朋友圈炫耀一把，就算是成功了。

科比退役的时候一个 H5 在朋友圈刷屏，通过这个 H5 可以随意生成带有名字的门票，球迷们开心坏了，因为即使不是球迷若能去 LA 看科比的退役赛也是值得好好炫耀一下的事。

对于消费者而言，品牌从某种程度上来说也是满足虚荣心的产物。品牌的附加价值既决定了产品售价，也决定了产品对于消费者而言的虚荣附加值。如果这个品牌很贵，则会给它的消费者以尊贵感；如果这个品牌很有个性，则会给它的消费者鹤立鸡群的独特感；如果这个品牌很有态度，则会给它的消费者以思想感。

我们会发现，品牌在进行创意时，适当满足用户的虚荣心，是促使人们产生认同或者自愿转发的一种方式。这就如同卖产品，看似我们是把产品卖给了消费者，其实是把消费者想象中的产品卖给了他们。我们的产品或多或少都会与消费者想象中的产品有所不同，但只要我们让他们认为我们的产品就是他们想象中的产品，他们就会买单。

当然，这个满足虚荣的程度需要根据受众的心理去把握，不能一味地为了满足虚荣而脱离了受众的价值观。

2. 吐槽

每个人都有吐槽的时候，同样每件事也都有可能被吐槽，一些事情甚至因为太完美没有槽点反而变得没有意思。也有些时候，对于某件事大家找不到合适的吐槽语言，此时出现了某个让人们产生共鸣的论调，这个论调替大家说出了心声，这也会被疯狂传播。

咪蒙就是如此，可以说咪蒙是当下自媒体中最懂得煽动人性的公众号。从公众号的内容上来说，咪蒙上很多内容都是基于一部分人的生活遭遇而发出的吐槽。对于普通人而言，可能想一个晚上才能得出一句话来吐槽自己遭遇的人或事，而咪蒙则一下子给出了五六条来帮忙吐槽，对于这类人自然会觉得找到了组织，马上转发到朋友圈来告诉别人"你看，这就是我的遭遇，说得多有道理"。

当然，品牌多数时候不能这么做，毕竟这么犀利的言论，有多少人捧你，就有多少人骂你，品牌可不想遭骂。

但是在营销中，给受众以槽点让大家吐槽却是行之有效的。因为在品牌传播上并不是"No news is good news"，而是品牌最好时时刻刻能被人讨论。

比如某部网剧就是吐槽营销的赢家，剧情的槽点就不提了，这部剧在营销时竟然自己制造槽点给观众吐槽。比如"奇葩戏服""剧组穷"等槽点，这最终使这部剧真正火了起来。

永远不要低估大众的无聊，很多时候人们是真的无聊，无聊到吐槽就能让大家满足。

3. 好奇

俗话说"好奇害死猫"，好奇心是人类的天性，总是有那么一部分人，碰到一个问题，就一定要找到答案。因此在进行品牌传播创意时，也可以尝试引发人们的好奇心。

当你告诉一个人，世界上只有0.01%的人舌头能够舔得到鼻尖时，下一秒你就会看到他伸出舌头；当你发一条朋友圈说"千万不要点开全文"时，他会毫不犹豫地点开看看有什么东西是不能看的。

阿里在打造 520 咸鱼拍卖节的时候，就使用了制造悬念的方法，连续 4 天在北京青年报上刊登悬念广告，直到第 4 天才揭晓答案，吊足了人们的胃口。

登报制造悬念，阿里不是第一个，此前方太、顾家家居都使用过类似的方式。

注意，在进行悬念创意时，不能为了悬念而悬念，因为这会给人一种故弄玄虚的感觉。只有让用户产生真正的好奇，揭晓答案时才会有好的传播效果。

无论是炫耀、吐槽还是好奇，好的创意往往都是靠打开人性的开关而获得大量曝光和好口碑的。但是从另外一个角度来看，除了利用人性，创意还是要有坚实的内容作为基础，再通过人性的开关将其效果最大化。

创意是一个要不断掏空自己以填补受众内心空白的事情。受众这种内在的缺失才是创意打动他们最根本的原因。创意也不是凭空而来的，而是根据品牌的调性、需要传递的信息（需要解决的问题）、受众的洞察一步步推导出来的，再由一种符合当下品牌传播潮流的表现形式展现出来，才能够达到最终的目的。

第 3 节　文案：穿透心灵，让品牌在心底生根

著名广告人 George Lois 说过"文案在前，视觉在后"，可见即便是艺术指导，也会承认文案的作用。日常生活中，语言对我们来说就很重要，广告中更是如此。在广告中文案就是语言。好的文案不仅能够让人印象深刻，最重要的是能达成广告的最终目的——销售。

那么怎样的文案才算是好的品牌文案呢？品牌文案首先要具备文艺范的用户思维，即让用户能够看下去；其次是要具备商业化的品牌思维，即能够表达出品牌需要传递的信息。

文艺范的用户思维

这里说的文艺范，并不是狭义上的文艺，而是指一种具有可读性且让用户较为容易接受的语言形式。广告之所以是广告，是因为广告会潜移默化影响人们的心智。在互联网时代，受众的选择越来越多，自由度越来越高，对于内容的要求也就越来越高。

1. 留有悬念

喜欢悬念是人类的好奇心使然，太直白的东西往往无法引发思考，而没有思考，内容就很难在受众心里留下深刻的印象。因此在撰写品牌文案时，可以通过留悬念的方式让受众去动脑，在思考过

程中加入产品或者品牌信息，就更容易被人们接受。

比如方太曾经做过一场造字运动，把一个由常见的偏旁部首组成，但又不是字的字放在了一整版报纸上，配上一句"怎么念？6月7日见！"这个时候，人们往往会陷入思维定式，当有人提出一个问题的时候，就真的开始思考这个问题，而不会觉得这可能是场品牌活动。

在这样的悬念中，方太用一个不是字的字，就把产品的信息完整表达。一个"烟"字代表"油烟"，一个框把"烟"圈起来，就表示"四面八方不跑烟"。方太的这次造字活动，通过一场悬念的塑造，巧妙地结合了产品信息，让受众自己去思考之后再揭晓答案，这个过程比在广告中强调十遍"四面八方不跑烟"来得有效得多。

2. 情境还原

情境还原，简单来说就是利用一些人们熟悉的情境，把营销内容自然结合到其中，或者刺激人们潜意识的购买行为。人的感官是多方面的，在一些场景刺激下，某些行为会变得顺理成章。在撰写品牌文案时也是一样，情境还原能够有效地将产品信息潜移默化地植入受众的思维。在用户没有主动联想产品或服务的情况下，描述出一个情境给用户，从而让品牌能够自然接入这个场景，那么购买行为也就更容易实现了。

在文案中进行情境还原，能够激发消费者购买的动机，尤其是对于非刚需产品，通过情境还原可以达到扩大需求的目的。"回家吃饭"这款应用曾经出过一组文案，在方案中描述了一些人在异乡，想吃一口带有家乡味的饭。在城市生活的人已经习惯了吃外卖，对于"回家吃饭"这个需求并没有表现得很强烈，但是每个人心中都有放不下的家乡味，都有妈妈的拿手菜。于是"回家吃饭"把吃到家乡的味道的情境描述出来，告诉消费者用回家吃饭，每一餐都是回家吃饭。

3. 态度鲜明

还有一种文案也能够迅速吸引人注意，那就是鲜明地表达品牌核心价值，直戳人心的文案。某一品牌之所以区别于其他品牌，就是因为该品牌有着自己的基因，有着自己的态度。品牌被消费者追捧，往往也是因为这种态度刚好符合某一个特定的人群。这个时代崇尚个性，品牌做自己，才能让消费者跟定你。

运动品牌竞争激烈，消费者对于运动品牌的选择更多时候不是基于其功能性，而是这个品牌能够表达自己的态度。奥运会期间 Under Armor 推出了一条菲尔普斯的广告，里面的一句文案就用非常鲜明的态度让 UA 在奥运营销中脱颖而出："It's what you do in the dark that puts you in the light."（是不为人知的努力，成就了聚光灯前的你。）这条文案一方面告诉人们，你们看到的光鲜往往来自于我们背后看不到的努力，另外一方面也让人们开始反思，不再只是关心谁得了金牌，而是看到运动员们为挑战人类极限而付出的努力。

文艺范的用户思维或者吊足用户的胃口，或者给用户创造足够的想象空间，又或者在思想上与用户达成共鸣，通过文字对用户的心智产生影响，从而进一步影响购买决策。文艺范是一种迂回战术，它不像促销文案那么粗暴，也不像产品利益文案那么直接，而是用另外一种方式对消费者进行包围，就像糖衣炮弹一样不易察觉，但是却深深影响着人们的决策。

商业化的企业品牌思维

同样，这里的商业化思维也不是指经营思维，而是文案需要站在品牌的角度，以实现品牌传播和产品销售为目标的思维方式。因为一切的广告都是为了销售，无论语言如何与用户产生共鸣，最终还是不能脱离让消费者花钱买东西的本质。所以在文案上，需要从品牌的角度出发，让消费者认知、了解、记住品牌并最终转化成购买行为。

1. 和已知联系

对于新的品牌或者产品，想要一下子被人记住并迅速传播并不是那么容易，在这个信息过载的年代，品牌信息很容易石沉大海。想要让自己的品牌或产品被记住，就要有一个明确的定位，与此同时还要有能够迅速勾起记忆的文案。尤其是对于一个新兴产品，和已知产品进行联系，能够给受众足够的记忆点，因此也能更快占领消费者心智。

拿菜鸟联盟为例。菜鸟默默搭建了很久的物流体系后，当开始把品牌推向消费者时，大家已经对原有的物流服务有了一定的认知，这时候菜鸟联盟需要的是让更多人迅速明白菜鸟联盟"说到就到"的品牌核心。在双十一之后，消费者最开心的事情莫过于拆快递了，于是菜鸟联盟提出"我们让一部分人先拆起来"。但是为了能够让这个概念更深刻地植入消费者心智，菜鸟联盟拿一些众所周知的事物进行了联系。"它让一部分人先吃起来，我们让一部分人先拆起来"，把自己与饿了么进行对比，让人能够马上反应出菜鸟联盟是提供物流服务的品牌，也进一步明确了品牌在行业中的位置。

在与已知事物进行联系时，可以从几个不同的角度入手。

（1）大众熟悉的人物

锤子科技在推出坚果手机时的定位是"漂亮得不像实力派"。对于这个定位，如何能够让消费者快速理解呢？坚果手机发布了一组海报，海报上是海明威、丘吉尔等大众熟悉的名人，他们都符合一个特点，就是外表好看，又有着深刻的内涵和丰富的经历。通过这种方式，将坚果手机的卖点告诉消费者，简单又直白。

（2）大众熟悉的品牌

作为数码产品的标杆品牌，苹果在消费者心中已经拥有一定的地位，这也让很多同类型的品牌忍不住拿来做比较。微软推出Surface Book 的时候，在发布会上就拿苹果的 Macbook Pro 来做对比；小米推出笔记本时，也拿出了苹果 MacBook Air 来进行对比。不难发现，让消费者迅速对某一产品产生直观印象，与熟悉的品牌和产品来进行联系是一种快捷的方式。

尽管很多时候，这样的做法也容易招黑，但是从传播的角度来看，让网友吐槽总好过让网友无感。这里有一点要注意，品牌需要掌握做对比的底线，不要为了对比做恶意中伤，以免引火烧身或导致法律纠纷。

2. 给出消费动机

多数时候消费者是不会主动联想到消费动机的，把文案写得再文艺再走心，受众也总是看过就忘，因为文案里没有给出明确的动机。这个就好像销售中的 FAB（Feature，Advantage，Benefit），把产品功能和优势描述得再好，给消费者的感受始终是"跟我有什么关系？"所以想要让文案促进销售，需要给出消费者必须购买的动机。

给出消费动机就是告诉受众，如果买了产品或者服务，他会变得不一样，对他有哪些实际的好处。

过年的时候途家旅行推出了一组海报，文案就给出了消费者买单的动机。旅行已经变成一部分人过春节的方式，但是中国人对过年的概念更多还是停留在阖家团圆上面。怎样鼓励一些人用旅行过春节呢？途家把回家过年的人的状态和出去旅行的状态做了对比，打算回家过年的人看到海报就会产生向往，因为吹着洱海的风看苍山确实是比吸着雾霾看春晚好多了。

3. 直白说出卖点

如果是刚需产品，就不再需要给出消费动机了，这个时候消费者的考虑已经从"我要不要买"转变为"我应该买哪个品牌"了。以手机为例，几乎每个人都需要手机，在购买手机的时候考虑的因素往往就是功能性，所以我们看到的手机广告往往都很直白。比如"充电 5 分钟，通话 2 小时"就深深地打动那些患有没电恐惧症的人；而"前置 2000 万柔光双摄"就是针对爱自拍的人。

再比如地产，通常都是"半山半海""地铁口""带户口"这样的文案，因为大家反正都要买房子，就看哪个地段好、哪个配套好了。当然如果是别墅就另当别论了，毕竟别墅不是刚需。

商业化的品牌思维是让文案具备更强的目的性，而且是从品牌出发达成销售的目的性。品牌、产品的属性不同，适合的文案也会不一样，文艺范与商业化以怎样的比例融合，需要落实到实际产品和品牌上进行分析。

第 4 节　视觉：用冲击力呈现品牌

在这个信息泛滥的时代，人的注意力很难集中，于是如何抓住消费者的眼球，变成了品牌需要思考的问题。一方面，人脑对视觉内容的处理速度比文字快得多，于是通过视觉来实现传播变成了不可忽视的方法之一；另一方面，一致的视觉特点能够不断强化消费者的记忆。

品牌视觉的定义

品牌视觉的定义十分广泛，品牌被人眼识别到的一切形象都可以称为品牌视觉，从 logo 到主色调，从包装到海报都是品牌视觉的体现。因此，在品牌定位的基础之上，品牌视觉是使人们能够对品牌产生发现、认知、记忆和喜好等行为的全部图像信息。

1. 视觉识别系统

视觉识别系统是通过视觉设计，体现品牌独特性，并帮助品牌实现对外一致传播的一系列视觉形象，因此视觉识别系统是帮助品牌占领消费者心智的重要组成部分。具有明确视觉识别系统的品牌，往往在视觉表达上能够保持高度的一致性，这有利于消费者进行识别和记忆。与此同时，视觉识别系统还具备一定的功能性，甚至表达出品牌暗藏的核心价值。视觉识别系统包括标志、标准字体、标准色彩、象征图案等内容，是企业形象的核心部分。

在 2015 年，全球最大的社交媒体网站 Facebook 更换了自己的 logo，尽管没有注意很难发现其中区别，但是对 Facebook 而言却有着实质性的意义。Facebook 官方声明说，新 logo 是为了看起来更加平易近人。而 Facebook 的创意总监则解释说，旧 logo 适应的是台式机的显示屏，而如今是移动互联网时代，用户从更小、分辨率更低的屏幕上使用 Facebook，因此需要更清晰的显示效果。

Facebook 旧 logo   Facebook 新 logo

其实近两年，在全球范围内众多品牌进行了品牌升级，受到扁平化、极简主义和视觉载体改变的影响，品牌的视觉识别系统也在不断演化。品牌视觉识别系统既要保证品牌形象建设的连贯性，又要迎合目标群体的审美及载体需求。

2. 产品视觉

除了品牌的视觉识别系统外，我们也会发现一些品牌从产品外形到包装再到购物环境，都能够充分体现品牌的形象和特征，我们把这个部分称为产品视觉。当产品视觉足够独特且进入了人们的心智后，即使没有品牌 logo，消费者也能够通过产品认出这个品牌。

右图所示的海报不用多说，绝大多数人一眼就能够看出这是可口可乐，这就是产品视觉的力量。这个经典的瓶身形象诞生于 1915 年，在之后这 100 多年里，尽管瓶身的细节在变，但是这个经典的形象已经深入人心。从某种程度来说这个瓶身形象已经成为可口可乐不可或缺的一部分。

可口可乐 100 周年海报

说到产品视觉，不得不提的另外一个品牌是无印良品，这个创立于 1980 年的品牌从创立之初就坚持着极简主义美学的审美。无印良品的设计师原研哉秉持着"空"的禅学设计理念，为消费者带来了一个优雅而质朴的生活提案，并在全球范围造成了广泛影响。无印良品的产品上尽管找不到 logo，但这完全不影响人们对这个品牌的认知。

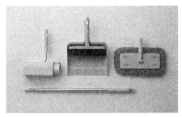

无印良品产品

3. 视觉传播内容

视觉识别系统和产品视觉能够为品牌带来独一无二的品牌形象，甚至大幅提升品牌的价值，但是前者创作空间不大，需保持其连贯性；后者则需要从产品设计层面入手，这非一日之功，所以视觉传播内容变得尤为重要。视觉传播内容灵活性高，优质的视觉传播内容能够提升品牌与消费者间沟通的效率，因此视觉传播内容是互联网品牌营销的重要组成部分，这也是这一章的重点。

视觉传播内容从来都不缺乏载体，传统媒体时代，视觉传播内容通过户外广告、报纸、电视、杂志等载体影响着众多消费者。而随着移动互联网的快速发展，视觉传播内容从载体到形式都在发生着改变，从静态的广告图片、海报，到动态的 GIF、H5，视觉在品牌营销中的覆盖范围也越来越广。

品牌视觉的独特魅力

品牌视觉究竟有怎样的作用呢？我们先来看一组数据：

❑ 在社交媒体上，加入视觉元素的内容参与度会高出 180%；
❑ 有图片的文章阅读量会比没有图片的文章高出 94%；
❑ 最受欢迎的 Facebook 内容 93% 含有图片。

其实，随着手机拍照的普及和社交网络的发展，视觉元素早已成为人们生活中的重要组成部分。同时，由于信息泛滥，人们的时间碎片化严重，必须利用视觉元素来提高品牌信息传播的效率。人们不愿意再花时间去逐字逐句读取文字信息，换句话说，视觉已经成为一种更为通用的语言。

1. 发现，吸引眼球

对于品牌想要传递的信息来说，首先需要抓住用户的注意力，而视觉恰恰可以帮助品牌抓住受众的眼球。视觉是人类重要的感官，至少 80% 以上的外界信息是经视觉获得的。通过感官刺激，视觉内容就好像在告诉消费者"嗨，看我，我在这里"，这也是信息传递的第一步。

海尔在 618 做了一组超市海报，这组超大海报颜色鲜艳，放在超市里想不被看见都难，可以说博足了眼球。只有先得到足够的注意力，才会有接下来的故事。

2. 认知，信息传递

当获取到消费者的注意力之后，品牌要做的是传递自己的信息，也就是告诉消费者"我是谁"和"我是做什么的"。信息传递可以采用文字，但是相比于文字的枯燥，视觉内容则变得更有趣味性，信息也更容易被接受。那么如何让新媒体营销变得简约而且容易传播呢？那就是在提高传输内容的质量之外，尽可能将传播的信息可视化。

可视化信息，意思是以创意或者艺术的手法将传播的资讯内容转化成图片的形式，它丰富了画面的情趣，也让广告传播更有感染力。

下面两张图片表达的是相同的信息，显然通过可视化的内容，较难理解的数据变得一目了然。品牌传播也是如此，很多时候需要用一大段文字来说明的事情，一张图片就够了。

就比如下面这张说明麦当劳餐厅提供免费 Wi-Fi 的海报，甚至没有一个字，就能够准确地传递品牌想要表达的信息。

3. 记忆，强识别性

视觉就是品牌的脸谱，最能把品牌特征表现得淋漓尽致，让消费者便于理解。当我们说起红色的品牌，就会立马想到可口可乐和加多宝，再例如黑色的、紫色的品牌，就会联想到 guinness 啤酒和吉百利，而这些颜色早已演变成他们无比宝贵的记忆资产。

4. 喜好，价值文化

不可否认，对大众有吸引力的图形，除了自身的美术魅力外，也离不开一个图形背后的企业文化、产品性格甚至市场因素的相互融合。随着消费升级，消费者更关心的已经不再局限于产品本身的参数，而是品牌能够带来的生活方式。因此对于品牌而言，视觉内容应该是对品牌价值文化的体现，也是品牌倡导的生活方式的体现。

5. 品牌视觉的营销价值

视觉营销对新媒体传播真正的价值在于，视觉内容要比烦琐的文字好记，价格上也远低于相对昂贵的视频制作，有趣、有想法的图片也更有传阅效率。品牌视觉的营销价值大致有 4 点：

（1）更好的阅读体验：把复杂的内容清晰、简单地展献出来，让阅读者无须费心，轻易便可抓取传播信息中的主要内容。

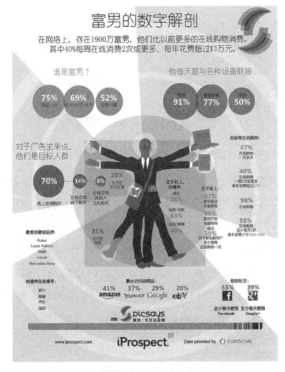

（图片来源 huaban）

（2）更好识别、记住更多：有分析指出，人的右脑记忆是左脑的 100 万倍，而图像就处于右脑的区域范畴，文字属于左脑负责的范畴。

（3）更容易传播：读图的时代，若好玩且有创意，则转发、保存的概率更高。

（4）更低的成本：H5、gif 动图、小视频及固态的各种创意表现手法，其感染力不亚于微电影和广告片，而且执行周期短、费用低。

总之，视觉营销在前端策略规划之内须做好创意发散、表达手法、呈现形式的考量，加上专业视觉从事者对其结构、空间、抽象、色彩等美学的艺术把控，让这些带有痛点的作品在移动互联网时代能够更好地拉近与受众者的距离，实现它在商业领域应有的价值。

视觉内容的表现手法

视觉内容的重要性毋庸置疑，下面介绍几种常用的视觉内容的表现手法。

1. 文字图像化

视觉内容很重要的一个功能就是用简单的画面展现需要表达的复杂的内容，因此一种常见的表现手法就是文字图像化。文字图像化是传递信息的过程，在语言和文字还没有诞生的时候，图像就被用来表达信息。而尽管现在语言已经足以传递信息，但是人们对于画面的理解和记忆能力仍超过文字。视觉内容从很大程度上来说，就是把文字进行图像化，省去人们思考和想象的时间，让原本复杂的信息一目了然。

文字图像化十分常见，尤其是人们的阅读环境已经从纸质阅读变成了数字阅读，读图要比读文字来得方便容易得多。常见的信息图就是文字图像化的体现，复杂的数据、文字信息，通过一张图就可以表现得很清楚，而不需要用户再花时间在大段文字里找重点。

2. 设计的修辞手法

设计与文案一样，都是表现想法的内容，因此在设计时也可以用到类似写作文案的方法——修辞。修辞手法在设计中被广泛运用，下面介绍几种常用的修辞手法。

（1）**对比**：把两种不一样的东西或者差异较大的事物放在一起做比较说明。对照的事物之间要有必然的关联性、合理性，这样才能产出优秀的视觉，更好地突出事物的特点。

老年人与年轻人的比照，说明产品能使人保持年轻（图片来源 Behance）

（2）**夸张**：对物体本身的特点在形体进行多倍放大或者缩小，再从情感的角度将人物的表情过分幽默化处理。这种方式表现得当，会使画面趣味性十足、情感饱满。

形体上的放大，表达 SONY 微储存大容量的概念（图片来源 welovead）

（3）**拟人**：将动物、植物、食物、天气甚至工具等事物赋予人类的感情，或使其模仿人物的行为。这种手法让原本相对枯燥乏味的情景变得生动活泼，增加消费者的好感度。可是不要因为好用而去滥用，最后变成恶趣味，不然容易导致品牌受到影响，没人愿意让自己的品牌总是被恶搞、受人吐槽。

面部神情的夸大刻画（图片来源 Behance）

健康生活，拒绝垃圾食品，通过将食物人格化来
展现人们的态度（图片来源 Behance）

（4）**比喻**：两个事物之间拥有共同的特征，当其中一个事物无法清楚展示的时候，用另外一个较为熟知的事物去描述它，提高外界对它的认知度。

鞋子的功能诉求——"轻"用特征相符的羽毛去演绎（图片来源 Behance）

（5）**联想**：有联系的想象，在原来的基础上（形状、特点、想法，方方面面的任意一点）产出新的想法。这种手法可发挥的空间相对来说范围很广，但容易跑题，最后点子收不回来，不知所云，或者说和看到的是两回事，导致紧密性差。

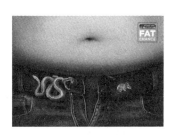

太胖拉不上皮带，联想到捕猎者吃不到猎物（图片来源 Behance）

3. 提升视觉效果的手段

除了修辞手法之外，通过其他的手段也能够提升视觉的表现力度，如情绪营造、戏剧编排等。

（1）**情绪营造**：情绪无疑是最容易击中人心的，在带动消费者情绪的时候也把品牌潜移默化地植入受众的意识当中。一般来说，我们都要摒弃不好和消极的情绪，比如恐吓、恐怖、血腥等，避免给品牌造成负面影响，当然了，特殊行业除外。

加多宝事件打情感牌引起大量讨论和曝光（图片来源 digitaling）

（2）**明星法则**：借用知名公众人物作为其传播的有效手段，可提升品牌的曝光度和信赖度。但选用的明星必然符合品牌、产品的特性，还要考虑到受众人群的情况，不要只是做到记住了明星而忽略了品牌和产品，也要避免明星只是跑龙套的。

（3）**模仿经典**：以重复旧的行为。一般多采纳经典的动作或图像。

对名作《创作亚当》的生动模仿（图片来源 Behance）

（4）**戏剧编排**：让画面精简得像一则小故事。这类手法很耐人寻味，因为内容不只是图像和主题，还有图像里所附带的小情景。受用这种手段创作的作品相对来说所传达的寓意会比较隐晦，不过值得消费者去探索。

（图片来源 Behance）

视觉内容没有固定的展现形式，当然也不限于以上阐述的类型，但是好的视觉内容一定是能够吸引眼球，并且能够实现传播价值的。

插画的应用

在视觉营销内容中，插画作为重要的组成部分已经被广泛运用，那么怎样的插画才符合互联网品牌营销的传播需求呢？

1. 插画的定义

插画是一种艺术形式，作为现代设计的一种重要的视觉传达形式，由于其艺术感染力强、形象直观及信息传递功能强，被应用于多个领域。不管是随意的涂鸦还是经过深思熟虑的创作，都可以称为插画。

插画的形式多种多样，按功能大致可以分为艺术插画和商用插画两类。商业插画的功能在于突出商品或者品牌，具有一定的商业价值。而艺术插画相对来说没有绝对的商业价值，多以艺术家基于自身风格的创造，它的功能是作为艺术家的情感载体。商用插画和艺术插画的最大区别在于前者体现商业价值，后者更体现艺术价值。

本节中将以商业插画，尤其是应用于互联网营销的商业插画为主要讨论内容。

2. 插画的特点

总体来说，插画具有如下特点。

1）趣味性

插画的趣味性是被广泛应用的主要原因之一，比起直白生硬的产品信息，插画可以用更容易被用户接受的形式传递信息。插画往往色彩丰富、造型百变，在保证内容与品牌关联度的情况下，被赋予更强的感染力，以获取消费者的好感。

Google 在里约奥运期间举行的水果运动会

2）表现力

插画具有极强的表现力，通过丰富的呈现形式，将品牌想要表达的内容付诸画面，不受到客观现实的局限，能够进行天马行空的创作。同时，插画与文字相比，是更为具象的内容载体，能够迅速吸引用户的注意力，并让信息传播的过程不再枯燥乏味。

奥利奥将目标消费者从儿童延展至成年人

3）个性化

插画由于创作者的个人风格不同或者表现手法不同，具有明显的个性标签：一方面符合了某些特定群体的审美；另一方面多种风格能够与不同的品牌和不同的传播诉求相匹配。在追求个性的时代，插画内容的个性化也能从一定程度上体现出品牌的个性化，让品牌在众多竞争者中脱颖而出。

3. 插画在互联网品牌营销中的应用

我们会发现，如今插画已经被普遍运用于互联网品牌营销，这就要求插画能够满足互联网品牌营销的传播诉求。

商业诉求：产品信息、大众审美、品牌调性。

1）直接传达消费需求

商业插画需要直接、准确地传达出消费需求，令消费者在看到广告内容时能够在短时间内就获取到最需要的信息，从而完成对产品的了解，并令其产生购买的欲望。一般来说传递消费需求大概有三类情况：第一种是将产品特点以最直接的方式呈现以打动消费者；第二种是根据产品的特点塑造相应的情境吸引消费者；第三种是从消费者自身的角度去挖掘潜在的诱因。

2）符合大众审美品位

有些插画需要结合大众的喜好来为产品做延展。比如插画若广泛使用粉色系则注定是广大女生喜爱的，除了色系，甜品也是女性的属性之一。而机械类、装甲类铁定是男孩儿的挚爱属性。

Nike 的新款运动鞋广告插画，秀色可餐的质感激起了众多女性的喜爱

3）强化产品与品牌特性

当常规的广告手法难以表达虚拟的概念或者无法将产品和品牌的特性完全很好地表达出来的时候，插画是最好的执行手法。由于它的灵活性，以及良好的弹性，可以把一个产品、一个品牌的特性发挥得淋漓尽致。但需要注意的是，这些也要看情况和产品属性，如果是涉及药品、保健品，则夸大就容易涉及作假，这个度需要好好把握。当然对有些广告来说将优点发挥得越大越好。

Komatsu 工程机械及矿山机械制造企业的插画广告——
Power & precision（力量与精度）

4. 品牌插画的创意基础

（1）了解品牌的基础信息（是做什么的，品牌理念和调性）。这会让你对品牌有全面的认知，对于之后的创作会起到引导方向的作用。成熟的品牌一般会有自己的 advertising guidelines（广告指导准则），也就是通过长时间的经验积累和对品牌广告的效果跟踪，得出什么内容能做，什么内容不能做。插画属于品牌视觉内容的一种，因此必须符合品牌的调性，且不能偏离品牌的核心价值。

（2）了解受众的喜好和痛点。大众的审美往往在一段时间内有规律可循，通过对当下互联网传播内容的观察，收集用户喜欢的创意作品，能够在进行创作时给出一定的指导。充分了解受众的喜好，才能制作出更有传播效果的作品。

（3）寻找优秀作品为创作提供灵感，借鉴他人优秀的地方融入自己的风格加以优化，能大幅度提高创作的效率。

随着移动互联网技术的发展，插画所能够使用的载体及形式不断得到拓展，这给品牌的互联网营销带来了新的可能。

第 5 节　影视：用广告满足消费者的想象

一直以来，影视都是广告最重要的表现形式之一，是广告内容上不可或缺的组成部分。它摆脱了单纯的图文阅读模式或是广播语音的形式，将视觉和听觉相结合，呈现出丰富的影音效果，让人们以一种更加快速、轻松的方式获取品牌与产品的信息。影视在提高了受众感官体验的同时，又大大加强了广告的传播效率。

随着社会、科技、文化等因素的变化，影视广告行业也处于不断发展中。从传统影视广告到网络影视广告，新颖的形式与内容层出不穷，一次又一次地刷新着人们对于影视广告的认知与理解，而其巨大的影响力也为品牌和受众创造着更多的价值。

影视广告概述

影视广告是一种以影视为内容，依托于具备视听功能的媒介而进行传播的广告形式，因此，它的发展历程可以说是伴随着影视设备、摄制技术及传播媒介的发展而推进的。

1. 传统影视广告和网络影视广告的发展

随着时间的推移和科技的进步，传播媒介的发展经历了传统时期到网络时代的过程，形成了各自不同的特点，影视广告以此划分出了传统影视广告和网络影视广告两大类别。

传统影视广告是指以传统媒介为载体的影视广告，其中以电视广告为主要形式。

国外传统影视广告的发展几乎是与电视业同步进行的，在1940年美国研制出世界上第一台彩色电视机后，紧接着第二年便播出了全世界第一条商业影视广告。

而中国因为当时各方面的条件在不够成熟，故一直到1979年1月才出现第一条影视广告——一则时长1分30秒的"参桂养容酒"广告片，相比国外晚了近40年的时间。

中国影视广告发展至今经历了30余年，从早期表现形式单一的传统创作手段，到开始有组织计划性地进行市场分析与内容创作，逐渐形成了专业化的行业格局。与此同时，随着大量国际先进理论的引进、国内各层次广告协会的成立及国外优秀广告代理商的进入，更是进一步促进了我国影视广告的规范与成长。

到后来随着现代互联网的快速普及，人们的生活方式发生了极大改变，获取信息的手段与渠道呈现爆发式增长。互联网平台成为人们的聚集地，期间各种视频类网站与新型网络媒体的出现更是加强了用户的黏性，形成了庞大的受众基础，网络影视广告也随之应运而生。

不同于传统影视广告，网络影视广告是以网络媒介作为载体的。由于网络媒体自身的多元性和灵活性，所以网络影视广告在内容上限制相对较少，表现形式更为多样，传播渠道也更加丰富高效。这些特性使其迅速成为主流的广告形式之一，受到越来越多广告主的喜爱，并进入到大众的视野中。

2. 两者的差异性

由于传播媒介属性的不同，两种影视广告形成了各自的特点，但本质上它们又都属于影视广告，这使得它们在具有一定相似性的同时，又具有着明显的差异性，从而占据了不同的细分市场。

在受众方面，传统影视广告的受众人群年龄分布较为平均，网络影视广告的受众更加偏向于青年群体，这使得广告主在根据产品特点选择媒介时形成了分流。如一些大众化的生活必需品，广告主更倾向于选择传统影视广告的形式；而一些针对性较强、定位于年轻人的品牌与商品则会选择网络进行投放。

在传播效果方面，电视广告往往需要一定时间的积累，通过反复播出，使观众在连续观看的过程中逐渐形成记忆；网络影视广告更多的是带来一种爆发式的效应，凭借网络的互动与传播性，有价值的内容容易得到快速传播。

品牌在营销过程中为了达到最好的广告效果，需要根据自身品牌的定位和产品的特点来选择合适的媒介，从而为企业带来更高的利润，为品牌创造更大的价值。

3.网络影视广告的优势

网络影视广告的出现，为品牌的互联网营销带来了更多的选择，在其发展的过程中也越来越受到消费者和企业的欢迎，这是因为网络影视广告具有四大优势：

（1）网络影视广告不受时间和地点的影响，受众可以随时随地观看。尤其是移动互联网设备与技术的发展，使得网络影视广告能够突破更多限制，得到更多的发挥空间。

（2）网络影视广告具有更强的互动性与传播性。网络影视广告可以通过添加链接或二维码等方式，令受众在产生需求时立刻跳转至相应的页面进行互动。而当受众遇到喜爱的广告内容时，也可以快速便捷地转发、分享，进而使广告获得更好的传播机会。

（3）网络影视广告具备很强的主动选择性与可保存性，用户可以在网络上进行快速检索，再根据自己的需求和喜好进行主动选择，同时也可以被保存下来反复观看。

（4）在费用方面，网络影视广告的费用相对于传统影视广告来说更加低廉。从制作成本的角度看，网络影视广告的成本一般较低，一些富有创意的广告可能只需要简单的设备和较少的费用即可完成。从投放的角度来看，传统影视广告的刊例费用按秒计费，投放成本高，而网络影视广告的上传通常是免费的，效果也是以CPM、CPC的形式计费，价格上相对较低。

4.网络影视广告的营销

网络影视广告是品牌营销的重要组成部分，所以在制作时不能仅考虑内容上的生产，更应该从受众、品牌、产品的角度出发，对网络影视广告进行全面详细规划，使其符合整体的营销策略，从而起到精准且有效的营销作用。

1）市场分析决定内容策划

每一支网络影视广告在制作与投放之前，首先需要对市场和受众进行多维度分析，如目标受众属性特点、消费者的需求痛点、行业内竞争对手的广告行为等，以此一系列准确的数据与分析作为依据，才能够在策划时形成扎实有效的创意与内容。

以 2017 戛纳网络狮全场大奖为例，从该广告的制作背景来看，Mail Chimp 是一家邮件群发公司，但是公司名经常被用户记错。广告片《 Did you mean？》的目的就是加强受众对品牌名的印象，通过对消费者的分析，影片中用那些消费者经常搞混的名字与自己的品牌名进行关联，使用户形成记忆，从而更方便地找到 Mail Chimp 这家公司。由此可见，一则优秀的网络影视广告的创意并非凭空而来，而是经过严谨的市场分析得出的结果。

2）投放媒介的选择与效果监测

互联网平台最大的特点之一就是信息的数据化，一切受众的特点与行为都能够以数据的形式得到体现，如受众的性别、年龄、所处地域、消费习惯、个人喜好等。

而通过对信息的数据化分析加以利用，能够使广告的投放行为变得更加精准。如综合性视频网站的细分类目、垂直型的门户网站，以及微博、微信等不同类型的自媒体平台，都凭借着各自的特色，聚集起了一群又一群在某一方面有明确需求和特点的人，而这些用户的数据都能够被快速提取并分析。在选择投放媒体时，广告主便有足够的依据进行更有针对性地选择。

比如某护肤品广告的受众为 20～30 岁的年轻都市女性，那么以此为基础来选择相应的投放媒介，就有了明确的方向，再加上有针对性的广告内容，当其精准地呈现到受众面前时，就会在最短的时间内达到最大化的效果。

互联网的数据化监测功能也使网络影视广告的投放效果一目了然，在数据上具体表现为播放量、喜爱度、转发分享数、用户评论数等。广告主能够从中快速获取信息，从而选择是及时对整体营销策略做出调整还是进一步强化效果。

网络影视广告的类型与风格

随着网络影视广告的快速发展，不断有大量的作品诞生，其在内容与风格上也愈加丰富。

1. 在形式上分类

在形式上进行分类，网络影视广告主要可以分为两大类：

1）贴片广告

贴片广告是最常见的网络影视广告形式，通常出现在网络视频播放前、播放期间以及播放结束后，以贴片的形式覆盖在视频区域上进行播放。由于贴片广告的时间往往较短，从十几秒至数十秒不等，因此在内容上一般以较为直接的产品信息宣传为主。在受众观看的过程中，可以随时点击影片，跳转进入相应的页面。

贴片广告的特点在于它主要依托于网络视频节目的播出，所以其传播效果也受到节目本身收视率的影响，所以在选择时需要优先考虑网络视频节目是否足够优质，能够吸引到足够的受众。

2）独立影视广告

随着摄制技术的进步、广告从业者的不断专业化、受众审美要求的不断提高，人们逐渐意识到广告可以不再仅通过生硬的方式进行展现，其本身也可以成为精彩的影视故事而具有更强的商业与艺术性，因此独立影视广告形式诞生了。

独立影视广告是指在形式上相对独立，不受品牌或产品的硬性束缚，转而通过打造丰满的内容来增强广告的观赏性与趣味性，同时以软性的方式完成广告植入的广告形式。

在摆脱了传统广告的局限性之后，独立影视广告具备了独立的"内核"。在篇幅上的限制大大减小，可以有足够的时间将内容充分表达出来。在内容上，独立影视广告具备无限的创作空间，可以以剧情取胜，向人们款款诉说一个浪漫的故事；也可以运用夸张的画面表现，传递某种新颖独特的理念想法等。

这样的独立性使得独立影视广告不再仅是广告，也可以把它看作是一部带有营销目的的影视作品。或者更准确地说，它是具有广告性质的影视作品，所以一些独立影视广告又称微电影。

如海南南国食品的微电影广告《椰林行者》，影片从头到尾讲述了一个行走在椰林间的老师傅，用几十年的时间坚守做一份椰子饼事业的故事，作品本身具备了高度的完整性与独立性。从内容上来说，通过老者保持一颗真心，从事自己一生热爱的事业的人生态度，传达了南国食品 24 年来一直追求品质的价值观。整个影片中几乎寻找不到广告的痕迹，但在观看完之后，却又对品牌和产品留下了深深的印象。

网络影视广告的形式不同，作用也不同。贴片广告更注重产品卖点和促销；而独立影视广告则更倾向于品牌的塑造，通过调性、故事的展现来体现品牌的核心价值。两种形式的网络影视广告在相应的特点之下，都有着巨大的创作空间，通过富有创意的内容与风格，能够更好地触动受众的需求，将广告效果发挥到极致，使消费者对品牌与产品建立起更深层的认知，为品牌和产品创造价值。

2. 在内容上分类

根据内容的不同，网络影视广告主要可以分为三大类。

1）剧情类

剧情类独立影视广告一般由一个或多个剧情故事组成，在结构上具备电影的完整性与多样性。而因为时长的限制，使得剧情发展的节奏相对更加紧凑，主题更加鲜明，从而让受众能够在固定的时间内明确影片想要表达的意图。

因丰富的剧情和强大的叙事能力，使得剧情类独立影视广告具备更强的观赏性和阅读性，故可以称之为传统电影的微缩版。在影片中将广告内容软性地植入，不仅能避免生硬的呈现方式，最大程度上减小受众的反感情绪，还能使受众因为剧情的影响，对品牌和产品快速建立好感并产生需求。

在题材上，剧情类独立影视广告几乎没有限制，在表现手法上也没有固定的模式，创意有足够的发挥空间。其类型可以分为爱情片、亲情片、科幻片、悬疑片、青春成长片、奋斗励志片、音乐歌舞片等，品牌可以根据自身营销需求，迎合目标受众的喜好，选择适合的类型来进行创作。

台湾统一面的《小时光面馆》系列就是典型的剧情类网络影视广告。通过每集讲述一个不同的故事，把日常生活中的感情融入一碗面里，把人生比喻成美食，让观众去体会其中的酸甜苦辣。

剧情类的广告具有很强的代入感，通过剧情的编排带动人们的情绪起伏，从而与受众产生情感共鸣。这样的广告，不仅不会招致反感，反而被网友称为治愈短片。

2）记录类

记录类的广告主要通过从某个现实事件或某类内容的记录中提取出影片的核心主题，再结合品牌与产品来表达某种理念或是体现产品的价值。

这类广告以"真实"为特点，突出记录的过程以此来增加受众的安全感与信任感，树立与巩固其对品牌的认可度。

记录类广告看似类型单一，实际上根据记录的内容主题、对象特点、人数等因素，同样存在很多不同的方式用以表达不同的内容，如纪实类、调查类、历史文化类、体验类等。

MINI 打造了一系列旅行纪录片，片子围绕着朴树、阮经天、刘若英等明星展开，他们开着 MINI 开始一段旅程，旅程中每个人都有各自不同的故事。相对于剧情类广告，记录类的影片没有过多的情绪铺垫，也没有剧情的大起大落，而是用实际的事件记录来赢得观众的心。记录类广告最吸引人的地方就是足够真实，让用户在这个过程中对品牌产生信任与好感。

3）概念类

概念类的影视广告往往所表达的是一种概念，一种精神态度与追求。相对于其他类型的广告来说，它所呈现的内容一般不具有完整连续的剧情，而是更注重于形式上的表现与气氛的烘托。

此类广告往往打破常规的画面表现，以突出氛围营造，更好地刺激受众视听感官与心理感受，激起受众内心的情绪波澜，留下震撼的效果。

　　概念类广告有着特立独行的性格，在独立影视广告中成为相对特殊的类型，主要可以分为实验类、诗意类、表现类等几个主要类别。

　　户外品牌 Timberland 在 2016 年推出了一条年度品牌影片，影片通过两个人的口吻四段不同的自述向我们传达了"跨出去、做自己、勇敢走、走下去"的人生理念。通过画面的切换和独白式的文案，来传递品牌的态度。Timberland 的影片在文案和配乐的情绪烘托下，把"真是踢不烂的"这个品牌理念直接干脆地传递给了用户，属于典型的诗意类广告。

　　G-Active 品牌运动饮料的广告片《Water made active》，全程没有台词和剧情，仅对高速相机拍下水滴落下时无数瞬间的动作画面进行加工拼接，创造出了形成一个"水做的运动员"的动态效果。这种表现类的广告通过视觉上的冲击塑造了一种强力的动感，打造出在运动时"身体里的水和人一起运动"的概念，令人耳目一新！画面中的水滴由该款饮料的瓶中落下形成，这一设计和产品本身进行了紧密的结合，而且内容的体现上十分精准，牢牢地将运动与饮料联系起来，让受众在观看过程中明确抓住了影片想要表达的主题。

3. 风格上的多样变化

有时候，我们不仅需要对内容进行准确策划，还需要根据品牌和产品的调性，或者是目标受众的喜好，来为影视广告确定基调，也就是我们所说的风格。

在风格上，网络影视广告也有多样的风格类型，有诙谐幽默、温馨感人，也有时尚潮流、严谨写实等。同样一个故事，用不同的风格去演绎，出来的效果甚至可以是截然相反的。选择合适的风格能够对内容更加精准地进行表达，帮助观众更好地理解内容、消化内容，最后形成记忆。

方太的《炒包菜》广告，由幽默诙谐的人物主演，并设置了无厘头的剧情，再加上魔性的歌曲，唱出了一个人因为懒得洗蔬菜而天天吃炒包菜的闹心故事。这把方太洗碗机"不仅能洗碗，还能去果蔬农残"这一冰冷的卖点变得俏皮可爱，让受众在收获欢乐的同时也牢牢记住了产品。

每一种网络视频广告类型和风格，所呈现出的感官和心理感受都各不相同。在品牌营销的过程中，要灵活地进行运用与创新，围绕受众的需求，结合产品自身，才能够制作出有效且优质的网络影视广告。

网络影视广告的创作流程

随着网络影视广告的快速发展，影片制作不断成熟，网络影视广告越来越趋于专业化、规范化。从前期的内容策划、筹备到后期的制作，提前规划好整体流程不仅能够保证影片有序进行，同时能够将每个步骤细化，可尽量减少执行期间的遗漏或错误，进而提升影片的出品质量。

网络影视广告的创作流程可以分为前期筹备、拍摄录制和后期制作三大部分。

1. 前期筹备

俗话说"磨刀不误砍柴工"，前期的筹备工作决定了一部影片的主题方向、摄制过程及最终呈现的质量。

1）中心主题

中心主题是指影片要表达的思想、观点、要旨，或整体上要表达的主张。简单来说，就是品牌想要通过影片告诉观众什么。

这是一部网络影视广告创作之初最重要、最核心的部分，它将成为整部影片的大脑，指挥接下来的每一个步骤，包括怎么选演员、怎样剪辑、怎样配乐、怎样混音、怎样出字幕等。因此，一旦在中心主题的建立上出现偏差，那么整部影片也将出现方向性的错误，可能导致所有的付出收效甚微，甚至功亏一篑。

一个好的中心主题，一定要从品牌营销的目的，以及市场和受众分析入手，明确主题所表达的内容与思想是否具有价值，能够为品牌和观众带来什么效果，从而为影片注入灵魂。

2）剧本策划与创作

在影片中心思想确定以后，便需要开始进行剧情的规划与撰写，并最终呈现在剧本上。剧本的内容主要包括风格定位、人物设计及故事的梗概。

剧本的创作可遵循从大纲到细节的方式：一般可以先列出整体的大纲框架，在主要框架上设置不同的情节点，交代清楚如何开端，继而接入影片的对抗点也就是矛盾冲突的展现，再到高潮部分和最后收尾等一系列的流程。

在整体框架搭建好之后，再展开细节部分，如故事具体内容、环境的设置、人物台词、动作等等，这些细节在剧本上的体现一定要具有戏剧性及画面感，以便更好地开展后续的执行与拍摄工作。

3）分镜头脚本

分镜头脚本是将剧本文字转化成体现视听形象的中间媒介，主要任务是根据解说词和文学脚本来设计相应画面、配置音乐、把握片子节奏和风格等，一般由导演结合拍摄的需求来进行规划与创作。

分镜头脚本的作用在于为前期拍摄和后期制作提供最直接的依据和蓝图，也是帮助演员和所有创作人员领会内容的依据。同时根据脚本的内容能够对影片的长度和制作预算做初步的预估。

在脚本的创作过程中，要注意其内容能否充分体现前面所提到的中心主题和风格，在画面上要求形象易懂，分镜之间的连接要求明确且流畅，同时，在对话、音效、动作、镜头的距离和角度等各个细节设计上要做好详尽的说明，从而使得影片在执行过程中更加高效、准确。

序号	景别	时间（秒）	内容	台词 / 解说词	背景音乐	地点	拍摄时间	道具

4）挑选演员

观众在观看微电影广告时，注意力主要集中在演员所演绎的人物身上。一个好的演员可以带动观众进入剧情，并通过自身的演绎传达影片的思想内容，成为影片与观众之间交流的重要桥梁，所以演员对于影片的影响是举足轻重的。我们常会看到许多微电影广告会聘请知名度较高的明星来作为主演，其实就是为了利用其在演技、人气或某一领域突出的影响力来影响观众。

在挑选演员时，要综合考虑演员各方面的素质是否适合影片的设定，如外形和气质是否符合影片调性、是否有扎实的表演技巧，能否生动表达内容、对剧本的理解度如何、是否能和拍摄工作人员完美配合等，经过多方面的判定最终选择与影片最为契合的人。

5）拍摄准备

在前期内容筹备制定完成后，接下来需要根据拍摄的需求来准备相应的硬件，如服装、造型、道具、拍摄的仪器设备、相应人员等，以保证拍摄的顺利进行。

6）制定拍摄方案

进入拍摄录制阶段之前，将前期的筹备内容制定成一个严密、周详的拍摄方案，作为全片拍摄执行的指导参考。拍摄方案需涵盖拍摄的时间进度、场景地点、人员配备以及各方面因素的协调，甚至还要包括对于一些可预见突发性事件的应急方案等，宗旨就是使拍摄能够按计划有序进行。

2. 拍摄录制

经过前期周密的准备，根据既定的内容策划，人员和设备到位，拍摄阶段便可以按照计划开展了。

拍摄过程中，现场要注意场次的记录，便于后期素材的整理与剪辑，同时主创人员要对内容进行及时观看和把控，在第一时间对不足的地方进行补拍，使影片能够呈现出最佳的质量。

3. 后期制作

在拍摄完成后，需要通过一定的后期处理手段对影音材料进行制作，形成完整的影片。

后期制作赋予了影片全新的生命，包括影像素材的剪辑组合、音效的处理、色调的应用、特效的添加，还有字幕、配音等，经过一系列的包装，影片的效果将得到极大提升。

所谓不积跬步，无以至千里。创作的流程看似简单，但每一个步骤都需要紧密结合影片的需求，有条不紊地进行才能够生产出一部优秀的作品，才能够呈现出影视广告极致的效果。

微电影广告的创作

微电影广告是网络影视广告最主要的呈现形式之一，也是最受观众喜爱的内容形式。微电影广告在题材的多样性、剧情的丰满度、形象刻画的深度这几个方面相较其他类型的网络影视广告有着突出的优势。

微电影广告具有独立完整的情节，或煽情，或励志，风格百变不一，其将内容浓缩在较短的时长内以叙事方式向观众道出一个又一个故事，同时将品牌与产品软性地植入其中，在潜移默化的过程中达到传播的效果。

在创作微电影广告的过程中，需要了解整体的流程、把握要点，掌握创意方面的方法和技巧，因为这些都是影响最终出品质量的因素。

1. 影片内容的四大要素

微电影广告的创作过程与电影类似，需要具备讲述故事的基本能力，所以在创作内容时，要求微电影广告同样具备叙述系统的四大要素。

1）人物角色

微电影广告以剧情为线索，通过人物角色进行演绎。所以在创作时对影片中人物角色的性格、行为、价值观进行设定，还要对各个人物之间的互相关系及不同角色在影片中所起到的功能进行设定，因为这些决定了影片的内容是否能够更加准确表达，观众是否更容易理解，从而对品牌和产品有明确的认识。

2）环境设定

环境的设定是指影片故事发生时的背景，包括具体时间、场景地点、人文环境及自然条件（如天气、地形）等。每一种环境的选择都必须围绕中心主题展开，并能够将这些无声的元素转换成对观众有用的信息。

如空旷的平地和拥挤的街巷、白天和黑夜、晴天和雨天，不同的环境设定所带给观众的心理感受是截然不同的。如果盲目、随意地选择，容易造成受众在理解上的偏差，从而使得微电影广告的效果大打折扣。

3）矛盾冲突

戏剧性的矛盾冲突是推动整部影片发展的动力，也是带动影片节奏的关键因素。缺乏矛盾冲突的影片就像白开水一样淡然无味，无法牵动观众的情绪。

矛盾冲突发生时，往往是整个影片的张力达到高潮点的时候，此时也是最合适表明中心主题的时机。把握好矛盾冲突是一部影片立意成功最重要的因素，能够确保广告的核心价值观的充分传达。

在内容策划的过程中，将矛盾冲突与品牌营销的目的相结合，并进行合理安排，在适当的时机释放出来，将对整部微电影广告起到决定性的作用。

4）叙事结构

叙事结构是指作品内容的组织、安排、构造，是影片的总体架构方式。它不仅是影片的骨骼和躯干，还是表现其风格特征的最重要的方面。从构建开端、经历发展、冲向高潮到结局收尾，叙事结构梳理了整个系统的组织关系，将情节、画面、剪辑有序组合起来。

在微电影广告中，由于篇幅的限制，同时为了使影片的语言更加通俗易懂，故不适合将叙事结构设置得过于复杂。我们常见的叙事结构有两种：

（1）常规线性叙事，也就是我们常说的顺叙。按照正常的时间模式进行叙事，在顺叙的过程中，也可以进行单线或是多线的剧情发展。

丰田的《The world is one》描述了日本、澳大利亚、南非以及未来世界四个不同地域的青年相同的恋爱经历。在剧情上按照时间顺序进行顺叙，讲述了男孩邂逅一见钟情的女孩，之后买了一辆丰田 AE86 带着好友出去兜风，却意外遇到了喜欢的女生和另一个男生在一起，沮丧的他们又因为好友的开导恢复好心情。

广告巧妙地运用四个场景多线发展，用 AE86 车型产品引出四段不同人生中的共同经历，在剧情和画面上也做到了近乎同步，更加映衬了"The world is one"的主题，突出了同一款产品在不同的世界都能够受到人们的喜爱，并且引领人们走向同一种积极的生活状态，引起观众内心的共鸣。

（2）插叙，也就是在常规线性叙事的过程中，插入不同时间的另外情节。

泰国 Accor Hotel 雅高酒店的《我的爸爸是超人》采用的就是插叙的叙事结构，讲述了一个父亲为了兑现和生病的女儿许下的"自己会飞"的承诺，跑遍全世界不同的风景拍下自己飞翔的照片，给予女儿希望与动力的故事。

影片中穿插女儿躺在病床、父女拉钩承诺、女儿收到爸爸"会飞"的照片等不同时间段的片段，为影片埋下悬念和铺垫，为最后点明影片主题做了充分的准备。

当然，除此之外，也有其他类型的叙事结构，如倒叙、环叙、重复结构叙事等，这些都要根据微电影广告自身的需求来选择。

总而言之，一部好的微电影广告需要有精细的情节设计和精巧的结构布局，只有这样才能讲好故事，讲好品牌与产品。

2.微电影广告的创意方法与创作技巧

一部微电影广告从内容的构思到拍摄的执行，创意永远是最核心的生产力。

通过对品牌、产品、市场及受众的分析，我们能够从中提炼出大量有价值的信息，那么如何将这些信息用最富有表现力的创意展现出来？这就需要方法和技巧上的支持。

虽然微电影广告在创意上没有固定的模式，但仍然是有规律可循、有方法可依的。通过对当下无数优秀作品的剖析，我们能够总结出以下几种创意方法和创作技巧。

1）结尾点题式

结尾点题式的创意方法是指在整部微电影广告中，前面大部分篇幅在讲述一个故事，或是陈述某个事件，内容上乍一看与品牌或产品无关。但是在最后结尾时，影片会对品牌理念或是产品特点进行突出点明，从而给观众一种豁然开朗的感觉。

在创作技巧上，结尾点题式的方法需要营造出一种影片的内容与品牌或是产品关联性不强的错觉，但实际上又在影片中安排了大量的细节铺垫或悬念，来为最后的点题做充分的准备。

当点明主题之后，观众会不自觉地回忆起影片之前的内容，再将主题与之一一联系起来，产生恍然大悟的感觉。点题时机的把握相当关键，在合适的时候点题才能够让观众获取到最准确的信息，从而了解影片的意图。

这样的创意类型与技巧能够很大程度减小影片的广告性质，通过间接的方式加强广告给受众的印象，提升广告效果。

英国老牌百货公司 John Lewis 每年都会为圣诞节推出一则广告片，他们经常采用结尾点题式的创意方法。广告片前半部分一般会讲述一个小故事，在结尾用一句话点出广告影片的主题，让观众明确感受到品牌在寒冷的圣诞节传递出的温暖。

《雪人的旅行》这则广告片在影片开始处，孩子们在雪地中堆出了一男一女两个雪人。第二天早上雪人先生神秘失踪，随后画面不断呈现出雪人先生出现在不同的场景，仿佛是要去往某个目的地，最后他微笑着出现在一条商业街的一家店门口。

剧情发展至此，当观众正搞不清楚整个影片想要表达什么内容时，结尾出现点睛一笔，原来雪人先生长途跋涉，是为了给伴侣买一双红手套作为圣诞节的礼物。画面字幕出现"Give a little more love this Christmas"，观众在恍然大悟感到温馨的同时，大大提升了品牌的好感度。

2）情感代入式

情感代入式是从品牌理念或产品特点中提炼出情感层面的价

值，并将其加入影片的剧情或人物身上，以叙事的方式娓娓道出一个故事，或温馨感人，或激昂励志，从而引发观众情感的共鸣并对品牌形象形成高度的认可。

运用情感代入式创意方法时，影片故事的戏剧性就显得非常重要了，只有引人入胜的剧情内容才能真正引起观众内心的波澜，让用户形成深刻的认知，建立起与品牌的好感度。

百度地图推出的《我是你爸爸》用看似喜剧的方式讲述了一段春节背景下的"假父子"的亲情故事，影片中不断营造笑声，最后再揭露泪点真相。

故事的矛盾冲突通过情节的发展逐渐深入，先是的哥遇到了一个老爷子，硬说自己是他爸爸，的哥只好带着老爷子满重庆转找回家的路。把老人送到家之后得知老爷子是因为对儿子思念过度，才导致了精神有些失常。故事的最后，的哥深受感动主动给父亲打电话，原本不打算回家的他准备马上回去陪父母过年。

百度地图将提炼出的品牌情感价值升华为"亲情"，通过中国人对过年的特殊情节，加入到影片中的人物身上。全片摆脱了平铺直叙，采用悬念化的叙事方式，如同一篇短篇小说，逐渐引人入胜，发人深省。广告也巧妙地将百度地图导航、全景、步导等功能特点穿插在影片中，让品牌与剧情紧密联系在一起，给冷冰冰的科技赋予了情感的温暖，完整地诠释了百度地图的品牌理念：科技让生活更有爱。

3）产品贯穿式

产品贯穿式的创意方法往往将产品设置成为影片中的某一场景或某一关键性物品。影片的剧情发展始终伴随着产品展开，使产品贯穿于整部影片，从而强调产品的特点，在时长和画面上也能获得更多的展现。

运用这种方法进行创作时，首先要求对产品本身有充分的解读，深度挖掘产品想要体现的最核心的价值与特点，并以此为基础进行内容的策划与巧妙的剧情设计，避免影片显得过于生硬，缺乏观赏性。

佳能相机的《Leave me》讲述了一个男子失去了妻子，在其正悲痛不已时，他的父亲用其妻子留下的相机为他拍照，这竟使他进入到了相机相册里的一个个过去的瞬间。男子发现这一事实后，在相机里用手势告诉父亲选择那张有妻子在场的相片，并在手上写下"leave me"，告诉父亲让他留在相机中与妻子相伴。

全片中佳能相机作为关键性道具成为贯穿始终的线索。影片用相机相册里一张张照片的切换动作串联起整个剧情，使得产品成为内容的焦点，不停地强化受众在观看的过程中对于产品的印象，同时用感人的剧情设计为产品塑造了正面的形象。

4）剧情反转式

剧情反转式创意的特点在于打破观众对于剧情发展的常规预测，用出人意料的转折使剧情往另一个方向发展，并在过程中体现品牌理念或产品特点。这种急转直下的剧情反转能够给人留下深刻的记忆，并且具有较强的趣味性，使人愿意重复观看。

这类创意的重点在于矛盾冲突的建立、剧情反转时机的把握，以及在剧情反转时将品牌和产品的特点充分体现出来。

Groove tech 刀具推出的《我们分手吧》的影片中，巧妙地运用了剧情反转的创意。一对情侣前一秒还在缠绵地拥抱，说着甜蜜的情话，着实让人羡慕不已。下一秒女生突然面不改色地提出了分手的要求，而男生面对这突如其来的状况竟然也毫不犹豫地答应了，一段感情瞬间结束。这个剧情反转来得如此突然，让观众猝不及防大跌眼镜，此时出现的画面和产品广告语"刀刀不沾　干净利落"完美地表现了之前的剧情，也鲜明地突出了产品特点。影片通过反转对观众的常规认知造成冲击，达到加深印象的作用，同时将产品的特点展现得淋漓尽致，让人看完想忘都忘不了。

5）散文诗体式

散文诗体式首先在影片的文案上表现为散文诗体的形式，它的主要特点是文字相对精短、有着内部韵律、阅读起来具备美感且富有哲理，因此尤其适合品牌理念或是价值观的表达。

由于文案的形式是非连续性的诗体和短句，所以在画面上，影片也通过较多的镜头切换和画面跳转来营造出一种符合中心主题的意境。

散文诗体式的微电影广告一般没有连贯的剧情故事，而是更加注重运用富有内涵的文案台词，通过画面形式的表现力和氛围意境的营造，来触动受众心中情感上的痛点。

网易新闻的广告片《各凭态度乘风浪》运用散文诗体式的创意表现手法，在文案与画面上进行了精致的创作，为影片赋予了深度的内涵与价值观。影片以"水"为线索展开，通过文案中各种具有隐喻性的关键词与画面来揭开影片想要表达的意图——年轻人不应该盲从于"主流"，应该坚持自己人生的方向，要勇于表达自己的观点，用态度成就特别的自己。

影片在内容上分为前后两个部分。前半部分描述了被"主流"约束的我们压抑着自身的天性，得不到释放；后半部分则告诉人们应该有更多的生活方式，做自己的选择，走自己的路。两个部分之间用一句核心文案"世界对于我，有些不同"进行承接转折，让观众在观看时能够明确影片想要传达的理念，并快速引起情感上的共鸣。

画面上运用大量的场景切换与拼接的形式，并呈现出极佳的视觉美感，通过展现各种各样不同的人与风景、不同的生活状态，营造出一种既深思内敛，又勇敢释放的意境，在台词配音和音效的渲染下，唤起了年轻受众群体内心深处想要解放天性、活出自己的渴望。这也正与网易新闻想要传达的"各有态度"的品牌理念达成了情感层面的高度一致，将核心价值观成功根植到受众的心中，充分显现出了散文诗体式影视广告的独特魅力。

6）产品拟人式

顾名思义，产品拟人式就是指用拟人的手法将产品形象人格化，并在其身上体现产品特点的创意类型。这种形式会让受众在观看时产生感同身受的体会，从而更加直观且深入地了解产品。

在运用产品拟人式的创意时，拟人化后人物形象的设计是关键。而要做好这一步，必须首先对产品有全面且透彻的了解。赋予一件产品真实的人格时，角色的性别、年龄、外貌、性格等都要符合产品本身的特点，且最终所呈现出来的人物形象必须生动立体，才能够有效地打动观众。

博世中国《忘了我，享受你的生活》的广告片中，将其旗下的产品——拟人化，再融入每一个家庭的生活中。冰箱的一开一合、电钻的使用、热水器的加热、洗衣机的运转、监控器昼夜不停地工作等等，这一系列冰冷的物件，都化作一个外表帅气稳重、富有安全感的男士，用形象的肢体动作生动地表现出来。

更难能可贵的是，影片并不仅是在动作上进行了拟人化的处理，更是在思想上赋予其人性的思考，提出 "为什么人们总是对我视而不见" 的问题，继而引出博世的产品 "早已成为人们生活的一部分，不必刻意去记起" 的品牌价值，最后用一句 "忘了我，享受你的生活" 作为点睛之笔进行收尾，触动内心。

微电影广告本身无论是作为一种广告形式，还是艺术作品，都因其优秀的表现力，加之兼具商业与艺术价值而得到广告主和受众的喜爱。

一则好的微电影广告的创作，需要考虑的不仅是影片本身，更需要考虑与品牌营销、市场受众、创意内容、拍摄录制等多个因素。最终的目的是如何让观众在观看影片的同时，既满足视听和情感的需求，又能够准确获取广告想要表达的内容。

| 第 4 章 |

找准品牌营销的传播利器／"器"篇

工欲善其事，必先利其器。品牌进行互联网营销时也是如此，只有内容是不够的，因为内容不会自己传播出去，故还需要媒介的帮助。互联网品牌营销中的媒介就相当于"器"，具备了"器"才能有效地实现营销效果。

第 1 节　互联网品牌营销的媒介甄选

传播载体在广告行业中通常被称为媒介，它是品牌广告创意以及活动主题理念传达给消费者的桥梁。一个独具匠心的创意如果没有找到适合的媒介呈现，得到的效果也会事倍功半。因此，在品牌广告活动中，媒介选择显得尤为重要。

媒体选择参考因素

品牌在甄选传播载体时通常会有多方面的考虑，一般情况下可以通过以下几个角度进行。

1. 人群匹配度

品牌为什么要做广告？可能原因有很多，但大部分原因都会落在两点上：

（1）提高销售量。

（2）提升品牌形象及知名度。

为了达到这两个目标，从受众的角度来说，一方面要维持品牌在老顾客中的曝光度；另一方面要扩大消费人群，挖掘潜在消费者。因此，选择的传播平台不仅要具有广大人群基础，还必须是老客户集中的平台。比如汽车广告，会在腾讯新闻这样的大平台进行大范围撒网，也会在垂直的汽车网站分配相应的预算。母婴类产品通常会在腾讯视频这样受众比较广泛的平台进行传播，也会在母婴类垂直网站和妈妈们进行深入沟通。品牌做这些营销都是为了上述的两个目标。

如何判定媒介平台的用户是否和自身品牌相匹配？需要对品牌的忠实用户进行深入研究，对比媒介平台的用户数据，通过对比年龄层、男女比例、收入情况、用户行为等因素得出用户的匹配度。媒介平台的数据来源是多方面的，可以从媒介平台直接获取，可以通过第三方数据研究公司的软件工具获取，也可以通过一些机构对平台的研究报告获取。

扩增销售量，一方面要维持老客户对产品的热爱，另一方面又要引导新客户喜欢上品牌及产品。所以品牌广告需要传达给这两部分人看。

2. 内容匹配度

内容匹配度关系到品牌广告是否能原生态融入媒介环境中，假如广告的内容和平台的内容无法相匹配，广告会显得非常突兀，造成消费者的反感。当然有时候为了追求大范围曝光，品牌也会购买一些大广告位进行投放，但是建议这种强势曝光的形式尽量少用，因为品牌如果无法从内容上感召消费者，再多的广告投放也是浪费。

一般 4A 公司从业人员会从内容角度出发筛选媒体，即首先会对广告活动的主题内容进行剖析。百威啤酒近年一直主打 EDM 音乐，赞助了大大小小的音乐节百余场，因此每年都会花一部分预算在音乐平台做营销。一嗨租车 2016 年年底签约了库里做代言，2017 的大部分预算都选择投在腾讯 NBA 频道。因此，品牌在媒介平台选择上一定会遵从"与平台方的内容相匹配"这一原则。

3. 时效性

媒介平台根据自身内容属性的不同，其传播特点也不一样，新闻类媒体就以时效著称，普通大众每天都会关注，所以其覆盖范围比较大。垂直类、信息查询类网站，通常人们只有在有需求的时候才会关注。因此根据不同媒体的特性，品牌广告活动在选择媒介时会有不同。

如果是新品上市，为了迅速占领市场，品牌会大力投放时效性强的媒体，如新闻类媒体、新浪微博等。假如品牌活动是在持续推广阶段，在媒介选择上会偏向于百度、微信等信息类网站。

4. 广告环境考虑

随着互联网的发展，各种各样的网站应运而生，每个网站都带有自身的特点，如综合类信息网站由于所承载的信息较多，因此广告位在此类网站的展现效果普遍偏低。为什么一些奢侈品品牌对广告环境的好坏特别注重？原因很明显，因为嘈杂的广告环境不符合品牌的调性，另外这类网站的用户和品牌用户的匹配度也不高，会导致最终的投放 ROI 偏低。

通常对于广告环境的好坏评定比较直观，通过平台内容的好坏、广告位置是否突兀、尺寸是否合适等进行综合评定，最终决定是否选择此类媒体。

5. 广告价格

广告价格对于不同规模的品牌在广告活动中的决策影响是不同的，大品牌一般预算比较充足，所以在策划广告活动时，会在所有内容都已经谈好后再谈价格；而一些小品牌预算有限，通常会通过预算决定投放哪一类媒介平台。

大型品牌一般会与多家代理商合作，会有以创意策略为主的代理商，也会有媒介采购的代理商，因此广告投放的执行一般会通过专门的媒介代理商进行。而对于一些中小型品牌，通常会把业务交给一个主要的广告代理商，一站式完成从策略到媒介采购的全部工作。

当然也不排除品牌方自己建立媒介采购部门的可能，但是因为品牌方自己投放的广告量少，与一些广告平台没有长期的合作关系，反而拿不到最优的价格。因此在优化广告价格的方法上，可以进行多方比价，价优者胜。

巧用大数据精准引流

品牌在媒体上的投放主要依据品牌的营销策略，故基本都会选择符合品牌调性、目标群体的优质媒体，因此存在一定的局限性，这时就需要其他的投放形式来进行互补。

大数据这个词大家都不陌生，在数字媒体投放时，大数据就能够补充单纯投放某一类媒体的不足，这种投放方式一方面能够更精准地到达受众，另一方面能够更准确地跟踪广告投放的效果。

1. 粉丝通

粉丝通是微博推出的精准投放工具，是把推广信息广泛传递给粉丝和潜在粉丝的广告产品。广告主可以根据用户属性和社交关系将信息精准投放给目标人群。目标人群可以通过基本属性与社交兴趣进行划分，微博"粉丝通"会出现在微博信息流的顶部或微博信息流靠近顶部的位置。

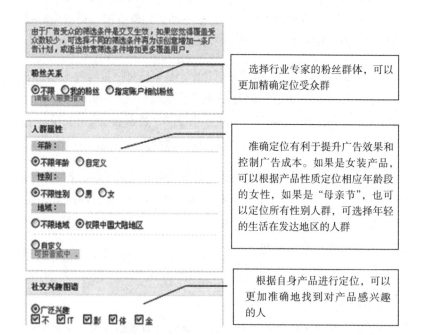

2. 广点通

广点通是腾讯推出的针对腾讯旗下广告平台进行精准广告投放的工具，包含了 QQ、微信朋友圈、微信公众号、QQ 浏览器、QQ 空间等平台。品牌方可以根据人口属性、商业兴趣、地理位置、使用设备、天气环境等进行定向投放，让信息直达目标受众。

3. 今日头条

今日头条也开放了自己的广告投放平台，可供品牌方投放开屏广告、信息流广告、详情页广告和视频广告。

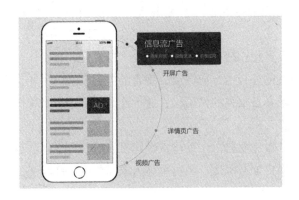

随着智能手机和手机应用的普及，许多 App 都积累了大量的用户，而 App 所处的领域不同，用户的属性也不同，这让品牌方在进行传播时可以更为精准地找到自己适合的渠道。前面提到的粉丝通、广点通和今日头条都可以由品牌方自己进行自助式投放，但是对于没有投放经验的品牌方来说，更恰当的方式是通过代理商制定出适合的投放策略之后，再进行媒介的采购。

自媒体广告投放

进行互联网品牌营销时，通过自媒体进行广告投放已经变成了必然选择，但是面对众多的自媒体，品牌又该如何选择呢？自媒体投放又有哪些注意事项呢？

1. 自媒体趋势

对于自媒体来说，其发展大体遵从如下趋势：

（1）多样化：自媒体的多样化体现在平台多样化和内容多样化两个方面。如今的自媒体已经不再只活跃于单一的平台，除了常用的微博、微信，还包括各种 App，涉及生活的方方面面。而自媒体开始跨平台发展，以满足内容形式上的多样化。从短文案、长文案到插画、视频再到直播，可供品牌方采用的内容形式变得更加丰富。

（2）垂直化：随着用户对内容要求的提升，自媒体逐渐从相对无序、杂乱的综合内容向深度、垂直的内容发展。一些自媒体开始在专业领域具备很强的话语权，这也让品牌方进行自媒体投放选择更加精准。

（3）合作深度化：在进行自媒体投放时，自媒体与品牌的合作方式也变得更加有深度。不再单纯追求品牌露出和曝光，而是通过与调性相符的自媒体进行联合内容制作，让广告本身变成用户喜欢的内容。合作的深度化比单纯的品牌露出更容易引发用户的好感，也慢慢开始受到诸多品牌青睐。

2. 自媒体选择

结合上边介绍的自媒体的发展趋势，品牌方在选择自媒体时大体可以参照如下方法：

（1）目的明确：在进行自媒体选择时，必须先明确需要自媒体为品牌达成哪种目的。粉丝量大、非垂直领域的自媒体通常能够带来大量曝光；而垂直细分的自媒体则可以更精准地把品牌信息传递给目标受众，并产生一定的互动；而一些以娱乐见长的自媒体，则比较适合为品牌带来更多的好感度。

（2）匹配度：在考虑品牌投放自媒体的匹配度时，并不一定是越精准越好，也就是说不能只考虑品牌自己所在的领域，还要考虑目标消费群体喜欢的领域，及与品牌调性相符的领域。举个例子来说，如果要投放汽车广告，不是只投放汽车领域的自媒体就够了，因为买车的群体并不一定都是汽车发烧友，这时对于普通购车群体来说，需要考虑的自媒体可以包括生活方式类、本地类等与品牌调性相符的自媒体。如果是豪车，这个时候可以考虑一些奢侈品、商务类的自媒体，因为想要吸引的受众在那里。

（3）效果参考：很多时候，只看自媒体的粉丝数和平均阅读数是不够的，还需要考虑与该自媒体曾经合作过的品牌品类及合作效果。一个粉丝数量大、互动率高的自媒体，并不代表能够给品牌带来足够好的效果；反而也有些自媒体，就是靠花式做广告被粉丝追捧。参考自媒体以往所做的案例，是投放前需要做的准备。

第2节　颠覆传播的自媒体

媒体，是信息的承载者，是从信息源头到受众的传递渠道和工具。无论是报纸、电视还是广播，以前的媒体承担的是一对多的传播，从某种程度上来说具备一定的权威性。而互联网时代则变得不同了，每个人都可以选择通过网络发出声音，这个声音可能是小范围地在朋友圈传播，也可能大范围地被许多陌生人看到。这就是个体发声的自媒体时代。

自媒体的5大特性

对于品牌来说，以前的媒体多是付费媒体，抛开忠实消费者的口碑传播不谈，品牌能够将信息传递出去的唯一渠道就是付费给报社、电视台等来刊登广告。这种情况下，品牌是相对被动的，传递信息的成本高昂不说，也毫无灵活性可言。此时的话语权掌握在别人手中，媒体也是别人的。这种媒体传播形式存在多种局限，比如时效性差、单向输出、表现形式单一，这些局限都给品牌传播带来了一定的难度。

这种情况随着自媒体的出现而有所改变。肖恩·鲍曼和克里斯·威尔斯撰写的全球首份自媒体专题报告《自媒体：大众将如何塑造未来的新闻和信息》中第一次对自媒体进行了定义：**自媒体是大众借助数字化、信息化技术，与全球信息及知识系统连接后所展现出来的大众如何提供、分享他们自身的信息、新闻的渠道和方式**。网络的发展把整个世界变成了一个信息分享平台，在这个平台里，再小的个体都被允许发出声音。自媒体时代不再由主流媒体去主导观点的走向，比起相信权威，人们更愿意独立获得资讯并做出自己的判断。

1. 自媒体的时效性

受到版面因素限制，纸媒时代的内容传播只能挑选一部分信息，用概括性的语言描述来传递给受众。很多信息会被忽略，大众所关心的内容变成了统一的内容，一些人感兴趣的信息需要很长的时间才能被传播。例如，报纸的出版需要一天的时间，一个紧急的信息需要等上一天才能传递到受众那里。电视节目也同样存在此类问题。

自媒体平台的发展，把点对面的信息传递变成了点对点，所有的信息可以即时发布，且不需要经过筛选，受众获取信息的渠道变得多种多样，获取信息变成了一种更主动的行为。我们会发现，大洋彼岸发生的事情，马上就可以在自媒体上看到，不需要一个小时就上了微博热搜。

而对于品牌来说，传播的时效性越来越重要。品牌可以更快速及时地与用户沟通，可以在任何想发布或者需要发布品牌信息的时候发出声音，不用担心这个声音由于版面限制无法发出，也不用担心今天想发的内容用户要第二天甚至更久才能看到。而用户也可以非常及时地了解品牌信息，了解品牌针对某事件的态度。

2. 自媒体的平民化

与传统媒体的权威不同，自媒体变成了一种平民的信息传递形式，传播主体不需要权威背景就可以在网络上扩散信息。与此同时，自媒体不需要跟随主流观点的脚步，完全可以以事实为依据发布更详尽的内容，或者直接发表自己的看法。

自媒体的平民化让信息的可读性更强，有些人没有看新闻，并不是不关心新闻，只是不喜欢被权威媒体筛选加工过的那部分新闻罢了，越来越多的群体希望能够去了解事情本身。

品牌信息也是一样，正是因为自媒体的平民化，品牌给人的距离感缩短了，对于粉丝来说品牌不再是触摸不到的，粉丝可以有多种渠道了解品牌甚至与品牌直接互动沟通。品牌信息也更容易在一种舒服的环境下被接受，若品牌信息的表现形式能够带些娱乐性或者足够的新鲜感，受众的接受程度会更高。

杜蕾斯（Durex）诞生于 1929 年，是全球知名的两性健康品牌。这个知名的性健康品牌在 2010 年刚被英国利洁时集团收购时，酝酿在中国市场重新引爆。但是对中国人来说，这是最不容易分享的事情。品牌与传播受众之间似乎存在着遥远的距离，可是从 2011 年杜蕾斯开始运用自媒体以来，其在互联网上完成了平民化的过程，在这个过程中充分将品牌引爆。

杜蕾斯官方微博开通于 2011 年 1 月底，截至目前粉丝数量 210 万，累计发布微博 16 万余条。官微刚开通时，只是发布一些与产品相关或网络上鸡汤式的内容，这些内容平淡乏味，话题也无法引起用户的兴趣。

营销团队意识到这一点后开始进行调整，根据产品本身的特性，重新将品牌官微定位为一位有点坏、懂生活、有情趣的"老司机"式的绅士形象，以轻松诙谐的手法传播普及性知识。

在内容上也妙笔生花，他们用精彩巧妙的创意，结合热点进行联想、改造，创作出大量优秀的作品，牢牢吸引住了用户的眼球，每每引发大量的分享与讨论，成为行业里自媒体的佼佼者，被同行争相模仿。而作为追踪热点的一把好手，杜蕾斯也同样保持着自己鲜明的价值观。2011 年 7 月 23 日的动车事故举国震惊，杜蕾斯迅速把官微头像和界面处理成黑白色，在这一天只发出一条微博：今天不宜风花雪月，让我们来表达对死者的态度。品牌的价值观通过自媒体的方式向用户更加近距离地表达，也使得用户从内容上的好评转变为对品牌的肯定。

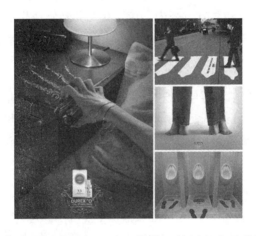

杜蕾斯官微强调对话与互动，靠精心的创意来吸引粉丝。这些符合当下时代网民对内容的高要求，也是杜蕾斯顺应变化，将品牌通过自媒体逐渐向平民化转变，真正走到了用户的身边。

3. 自媒体的平等化

自媒体被追捧的另一个重要原因是平等化，因为自媒体代表的不再是权威，而是跟受众一样的普通人，他们有血、有肉、有观点，他们只是在分享自己的所闻所见。而人们往往更能够听取那些自己触摸得到的人提出的意见，并非那些高高在上的人。

品牌打造自媒体，也是把自己拉下神坛，与受众平起平坐的方式。天猫的吉祥物是一只猫，京东的吉祥物是一只狗，就是让消费者降低心理防备，把一种不平等的关系变成平等。这种时候，才更容易和消费者建立关系。

4. 自媒体的个性化

每个人都不同，也都希望自己与众不同，从人性来说，每个人都希望自己是小众的，至少不是那么的标准大众化。因此传统媒体时代的统一口径与官方公告，让受众尤其是年轻受众难以产生共鸣。他们会觉得，我这么有个性的人，怎么能和大家看的东西一样呢？

于是各持观点的自媒体开始圈粉，粉丝会挑选符合自己口味的自媒体来关注和传播。此时的自媒体如果太过于中庸也很难博得欢心，他们必须要另辟蹊径，或者有着犀利的语言风格才能更招人喜欢。

我们再来看品牌。品牌本身就需要有自己的个性，这也就意味着品牌信息的传播形式和传播渠道也不能过于普通。因此很多另类的、前所未有的表现形式能够刷屏，一些独特的、鲜明的品牌观点受到认可。

滴滴从诞生起品牌诉求就围绕"改变人类出行"展开，而作为滴滴的自媒体平台"滴滴出行"官方微信公众号和微博，一直保持着高度的个性化，同时站在社会的高度，连接人们的日常生活，令用户对品牌形象的好感度节节攀升。

滴滴出行的自媒体在其四周年庆时，通过滴滴车主的角度出发，打造了一波个性化的创意海报。

以乘客的视角，拍摄了一个精美的微电影视频《一封来自香港的情书》，讲述了滴滴随处随时相伴的故事。

滴滴春节篇以"回家是一种信仰"为主题，用回家途中不同的场景和人物关系，体现人们春运回家的幸福感。

滴滴从不同的维度，打造出一波又一波个性化的品牌营销场景，塑造了一个又一个生动的形象。正如"滴滴四周年""回家是一种信仰""滴滴 X 地球四季""滴滴 XDi — Tech 算法大赛"等，通过新颖、创意的表现形式，让受众对滴滴产生更深刻的印象，也使得滴滴区别于竞争对手，在用户心中树立起不同的地位。

5. 自媒体的双向性

自媒体还存在一个重要的特点，就是信息沟通的双向性。信息传递很关键的一个部分就是反馈，受众是否收到信息，收到之后有何感想，这些都需要反馈才能得知。报纸和电视作为媒体，很难有人反馈，即便是有人想反馈，也很难找到渠道，信息传递的单向性非常明显。

自媒体的信息传递却可以是双向的，受众收到信息之后，可以回复自己的想法，可以转发给身边的人，可以点赞，可以留言评论。

而受众的想法，正是品牌最想获得的信息。品牌需要知道消费者在想什么，消费者看到广告之后是喜欢还是不喜欢，这些都可以通过自媒体来达成。

从传统媒体到自媒体，话语权从权威媒体人的手上转到了每个人的手上，每个人都是媒体，每个人都可以发出声音，品牌也是如此。对于品牌而言，以前只能借用或购买别人的媒体，现在却可以拥有自己的媒体了。

自媒体商业化带来的机遇

有人的地方就有江湖，有流量的地方就有商业。博客时期的自媒体还是小打小闹，一部分人用业余时间生产内容来实现自身价值，第一批自媒体人自己都没有想到有一天自媒体会有如此成熟的商业化发展。但是随着微博、微信、直播的兴起，自媒体聚集了大量稳定的粉丝，商业化的机会也由此诞生。

自媒体的发展经历了四个时期：博客时期、微博时期、微信时期和全媒体时期。博客时期自媒体粉丝基数不足，没有稳定的用户基础，传播潜力也未被发掘；微博时期则经历了粉丝骤增，正式进入全民社交化时期，社交媒体给自媒体商业化指明了一条路；真正成熟的自媒体商业化源自微信，成熟的流量、稳定的内容产出及不同细分领域的深度发展，让自媒体进一步掌握了话语权；从2015年开始，自媒体进入了全媒体时期，开始跨平台发展，除了生产内容，自媒体人也开始寻求变现之路。

自媒体的商业化同时给出了品牌进行自媒体广告投放的启示，品牌的自媒体除了给品牌起到公关、传播作用之外，也能够在商业化的道路上另辟蹊径。

1. 广告营销模式

广告营销模式是自媒体商业化最自然的方式，其用优质的内容吸引了足够的粉丝，大量的粉丝又能带来足够的曝光。意见领袖在自身垂直领域的影响力足以影响消费者的喜好。

（1）**平台广告**：各大媒体平台为了保证自身的用户活跃度并发展平台的商业化，针对自媒体人发布了广告分成机制，即平台直接在粉丝量大、内容优质的自媒体号中加载广告，平台根据点击量等数据与自媒体分成。

（2）**品牌植入**：正是由于自媒体在垂直领域的内容专业度和影响力，让品牌不得不重视自媒体的精准受众和巨大流量，品牌开始直接将通过自媒体发布内容作为一种广告投放形式。这种形式的优势一方面在于人群精准；另一方面软性的品牌植入让广告不再生硬，反而变成受众喜闻乐见的形式。

（3）**变身广告代理商**：随着自媒体与品牌的合作，一些自媒体的广告能力越来越强，再加上自带流量的特点，部分自媒体已经开始尝试做起了广告代理商的角色。这样一来，自媒体可以将品牌策略、创意策划、内容制作和媒体投放融为一体，这也是部分自媒体开始尝试商业化的一种方式。

（4）**自媒体 IP**：自媒体个性突出、细分明确、粉丝基数大，这给了自媒体发展成 IP 的可能，一些自媒体开始打造 IP，甚至有一些意见领袖做起了品牌代言。

2. 自媒体泛电商

电商是自媒体盈利能力最强的一种变现模式，比起广告营销模式，电商需要更强大的资源支持和资金投入。但是由于自媒体在本身的细分领域具备极强的影响力，带货能力也变得异常强大，甚至衍生出了自己的网店。

（1）**网红开店**：张大奕、小宜、雪梨这些名字听起来一点都不陌生，尽管她们不如 papi 酱等意见领袖在社交媒体上的知名度高，但是开起店来一点都不含糊。第一财经数据显示，2015 年双十一淘宝女装 TOP20 店铺，有 11 个是网红店。网红凭借自身的时尚能力、个人魅力和内容产出能力，以社交媒体作为流量入口，最终通过淘宝店收割流量形成转化。

（2）**周边产品**：与网红店主不同，同道大叔、冷兔等非时尚领域的意见领袖凭借自己的作品，开启了周边产品开发之路，带动粉丝经济。

（3）**垂直电商**：一条、罗辑思维等自媒体因其在垂直领域的影响力，也开始发展垂直电商。一条贩卖生活方式，电商则是集中在生活用品方面；罗辑思维以读书为内容，电商则涉及图书、课程、文具等。

（4）**线下活动**：也有部分自媒体，如十点读书、插座学院，则通过线下活动、课程的举办，一方面进行变现，另一方面打造着自己的社群。

（5）**融资构建自媒体细分领域衍生产业链**：几个融资过的平台，如十点读书、餐饮老板内参等，都是在打造一个闭环的细分领域产业链。

3. 知识付费

知识付费是自媒体变现方式中发展相对较晚的一种，原因在于整体社会对于知识付费的认可程度较低，同时付费环境的构建往往取决于平台。但是随着原创内容的价值上升，知识付费变成了大势所趋。

（1）**用户打赏**：为鼓励原创优质内容的产出，各媒体平台上线了打赏功能，用户可以对自己喜欢的内容进行打赏。这一举动也进一步说明了媒体已经全面进入内容为王的时代，只有足够优质的内容，才有生存的空间和价值。尽管微信被迫下架了打赏功能，自媒体依然可以在微信文章里贴上转账二维码，用户可以选择愿者付费，这在某种程度上意味着知识付费意识的觉醒。

（2）**付费问答**：知识付费意识的另一个体现在于，越来越多的人会愿意为一个问题而付费。互联网上信息泛滥，真正有用的信息也容易被淹没，这也让人们开始接受为有效信息付费。不仅出现了如分答、得到等问答型 App，微博、知乎也相继推出了微博问答和知乎 LIVE，这也给了知识型自媒体更多变现的可能。

第 3 节　品牌自媒体的构建

自媒体给信息传播带来了巨大的变化，又受到了用户的追捧，自然变成了品牌的必争之地。但是品牌自媒体意味着什么？能够对品牌营销带来怎样的帮助？品牌又应该如何构建好自媒体？

品牌自媒体的作用

如果说自媒体的主体是大众，那品牌自媒体又意味着什么？品牌首先需要做的是正视自媒体，可以把自媒体当成媒体没错，但是自媒体绝不仅仅是品牌发布广告的另一个渠道。如果从广告投放的投入产出比来看，花费大量人力物力去做一个不温不火的广告渠道也是得不偿失的事情。能够正确认知自媒体，才能发挥品牌自媒体最大的作用。

1. 不止于广告渠道

品牌经常遇到的一个问题是，在自媒体上投入了那么多，动辄培养一个专门的运营团队，或者花大价钱请代理商，但是好像总是看不到效果，阅读量提不上去，粉丝增长也慢，更不用说实现销售转化了。而看着其他品牌的自媒体，好像做得风生水起，人人都希望自己的自媒体能变成杜蕾斯那样。甚至一些品牌认为只要运营了品牌自媒体，连广告投放都省了。事实上，品牌自媒体是有其不可替代的功能，但并不是无所不能的。

1）官方发声渠道

首先，品牌自媒体是一个能够从官方发出声音的渠道，并且是即时发声渠道。注意这里所说的并不是广告，也不是品牌自己的简报，而是跟用户相关的内容。举个例子，支付宝推出了某种新的服务，希望让用户知道，这个时候除了在 App 内进行推送外，还可以通过官方的微博、微信发布这个信息。因为用户并不会一直在用支付宝，却无时无刻不在用社交媒体。而且推送的内容与用户息息相关，用户不会反感，内容上若能再人性化、个性化一些，用户就会觉得其实还挺好玩的。

但是现实中，多数品牌在运营自媒体时，要么疯狂地推送产品信息，要么将其当成企业内刊，大事小事都要跟用户报告，殊不知这些内容对于用户来说毫无营养可言。

作为官方发声渠道，自媒体能让消费者知道你是一个怎样的品牌，从品牌的自媒体上用户大致就可以看出品牌的调性、品牌对消费者的态度。这也是在品牌众多、信息泛滥的当下，能够让品牌区别于其他的方式。

2）数据来源

品牌的自媒体可以作为品牌的数据来源之一。首先，在品牌自媒体后台可以获取粉丝的相关信息，如年龄层、性别、地域等，这也是品牌更深入了解消费者的方式。因为品牌自己定位的目标人群，与品牌实际的消费人群往往存在差别，通过自媒体的真实反馈，能够让品牌更加清楚自己离目标有多远。

其次，通过自媒体反馈来的数据，能够对用户喜好进行分析，通过了解用户多在什么时间活跃、对何种内容感兴趣，去指导品牌的大型营销活动，甚至帮助品牌在核心策略上进行调整。

品牌自媒体更是品牌主动获取与商品和服务相关数据的方式，通过自媒体平台可以发起投票、问卷调查等，作为产品和服务开发的数据参考。

3）客户服务端口

品牌自媒体可以解决部分客户服务问题，并让用户获取服务变得容易。品牌一般都有客服电话，但是客服人员往往不足以应付所有客户的问题，于是电话自助菜单出现。但是对于用户来说，为了解决一个简单的问题而等待很长时间的电话，并不利于提高满意度。

品牌自媒体可以通过自助菜单，将常见客服问题通过自动回复发送给用户，比起电话菜单来说，操作更为简单，也更能够提高用户黏性。

另外，品牌自媒体也可以设置客服人员，在线解答用户的问题，用户入口更便捷，对品牌而言也能够有效降低用户管理成本。

4）消费场景连接

现如今用户花在社交媒体上的时间越来越长，从了解到互动再到购买，整个消费流程都能够通过社交网络进行。在这种情况下，品牌运营自己的社交媒体，能够完善消费场景的连接，让用户能够通过最熟悉的方式，去完成消费行为。

拥有线下门店的品牌，也可以通过品牌自媒体，将线上线下的消费渠道打通。比如 KFC，消费者在门店可以使用公众号点餐，减少了排队等候的时间，既改善了用餐环境，也省去了铺设自助点餐机的成本。这种方便消费者的做法可以在无形中提高品牌在消费者心目中的位置。

2. 粉丝经济

粉丝经济泛指架构在粉丝和被关注者关系之上的经营性创收行为，是一种通过提升用户黏性并以口碑营销形式获取经济利益与社会效益的商业运作模式。以前粉丝经济只发生在一些明星、名人身上，而随着网络媒体的发展，品牌也可以通过某个粉丝的兴趣点，将粉丝聚合起来，实现粉丝经济。

1）粉丝是品牌的资产

粉丝，尤其是聚集到一定数量的粉丝，是品牌资产的一种。从媒体的角度，品牌通过获得粉丝实现口碑传播，这就是获得媒体。从品牌价值的层面来看，正是由于品牌的粉丝，才有了品牌附加价值的存在。

口碑营销是品牌营销的最后一环，也是目前最重要的一环，因为当下的消费者买产品主要参考的就是口碑。而此时品牌粉丝就起到了至关重要的作用，但是光有传播媒介还不够，还需要传播内容，品牌自媒体就能够为口碑营销提供内容。

因为自媒体的社交属性，品牌自媒体的内容可以被用户轻易转发，不仅可以实现一对一口碑传播，还能够在朋友圈等位置实现一对多的传播：一方面提升品牌传播的效果，另一方面节省挖掘潜在消费者的成本。

（1）**粉丝带来品牌价值**：每年 BrandFinance 都会发布全球品

牌价值 500 强的名单，榜单的评选标准包括公众熟悉程度、忠诚度、推广活动、营销投资、员工满意度及企业声誉等。我们可以发现，无论是熟悉度、忠诚度还是企业声誉，都会受到粉丝的影响。粉丝越多，活跃度、忠诚度越高，品牌的价值也会随之上升。

（2）**内容制造机**：粉丝的力量有多大？粉丝力能够大到为品牌产出内容。从 2015 年开始，做社会化媒体营销的人经常提起的一个词叫 UGC，就是用户产出内容，如各大微信公众号、Youtube、社区网络等。用户产出内容一方面是用户活跃度与忠诚度的体现，另一方面因为产出内容的是用户自身，故与用户沟通更容易。

2）品牌 IP 化

品牌的传播不是一味地刷存在感，而是需要让消费者产生好感，这种情况下，拟人化的 IP 就是一种讨巧的方式。拟人化 IP 可以与用户进行人性化、个性化的沟通，通过丰富有趣的内容和年轻人深入互动。品牌 IP 化能够让品牌更具识别性和接受度，就像网红一样被大众追捧。

品牌塑造的 IP 是品牌文化的载体，一方面强化着品牌的定位，另一方面能够以用户喜爱的方式输出品牌信息。自媒体对内容的承载能力很强，支持多种格式内容的输出，可以作为品牌 IP 的输出端口。而自媒体本身因为其社交属性，能够进一步强化 IP 的拟人属性，更有效地帮助品牌聚集粉丝。

3）提高黏性，增加复购

品牌的粉丝对于品牌已经有一定程度的好感，这时候品牌需要的是提高粉丝的黏性，并提醒粉丝进行重复消费。先有触动才有粉丝，有感动才会有稳定的购买。品牌自媒体可以通过定期的内容推送和适当的促销活动，让粉丝经常看到品牌的信息，从而提高粉丝的消费频次。

品牌也可以通过自媒体，有效地甄选优质粉丝，这部分粉丝的忠诚度更高，是品牌需要获取的优质客户。品牌选择性地举办如粉丝节之类的粉丝活动，既能巩固忠诚度，也可以给消费者更多购买的理由。

粉丝有着极大的价值挖掘空间，粉丝经济也不一定完全是直接的销售收入，品牌的口碑、品牌价值的提升和品牌 IP 形象都是粉丝经济的表现形式。在打造品牌自媒体时，从这些角度入手，能够为品牌创造出更多额外的价值。

品牌自媒体的顶层规划

正是由于自媒体的传播属性、数据功能和变现潜力，品牌构建自媒体也成为互联网品牌营销中很重要的一环。而构建品牌自媒体需要从顶层规划开始，从而使品牌自媒体的作用最大化。品牌自媒体的顶层规划主要包含两个部分：一是规划品牌自媒体所需要的矩阵组合；二是确定品牌运营自媒体的整体调性。

1. 品牌自媒体的矩阵组合

在建设品牌自媒体时，首先要明确目的，再根据品牌要实现的目的去搭建自媒体的矩阵组合。不同的媒体特点不同、功能不同，能够为品牌带来的附加值也不同。运营品牌自媒体本身需要大量的人力、财力成本，没有思考清楚而盲目地运营一大堆自媒体账号，既浪费成本，又对品牌统一的形象不利。

1）自媒体选择

打造自媒体矩阵组合的第一步是先了解自媒体有哪些，特点分别是什么，从而做出选择。

（1）**微信**：微信公众号作为微信推出的自媒体平台，基于微信社交圈的熟人网络提供丰富的媒体内容，具有更便于分享、更有效传播等特性。用户可以主动根据喜好进行选择并关注，使得品牌能够获取更加真实的客户群，信息到达率更高，营销成本更低，可持续性更强。品牌也能够通过公众号获取准确的客户群体的属性，从而让营销和服务更个性化、更精准。同时，其便利的互动性，为用户黏性的增强和关系维护提供了最佳方式。在技术层面，基于LBS，品牌还可以提供各种特殊的地理位置服务。

（2）**微博**：微博以其较短的文字篇幅及图片、视频等更轻更快的方式，大幅降低了人们对信息的接收成本，促进了大量可供快速阅读的原创内容的生产。同时微博强大的即时性与便捷性远超其他媒体，不仅使得信息发布与传播都变得更快，甚至能够在瞬间引发爆炸式的传播效果，而且令品牌的宣传成本也大幅降低。在传播的过程中还可产生大量互动，用户与品牌可进行交流对话，使得双方对彼此都能够有更加深入的了解。

（3）**图媒体**：以 Instagram 为代表的图媒体已成为自媒体矩阵中重要的组成部分。以图片为主进行分享的社交方式，品牌能够产生更多曝光，用户也能够更加直观地接触品牌。优质的视觉内容将社交网络的分享属性进一步提升，强化了传播效果。而以图片作为载体的内容使得阅读成本下降，信息到达率却相对更高。

（4）**其他媒体**：除了相对主流的自媒体外，还有很多其他的自媒体平台，如知乎、视频分享、各大直播平台等，其各自都具有相应的特点，针对不同的受众群体也有着不一样的品牌营销效果。品牌在进行自媒体矩阵组建时，需要根据自身的理念、定位、消费者人群特点等，选择合适的自媒体进行品牌的建设与传播。

2）自媒体矩阵联动

一旦品牌选择好了平台，开设了自媒体账号，就要开始对各个账号进行运营，发挥各个自媒体的作用，并实现账号之间的联动了，从而实现效果最大化。

（1）**把握平台属性**：品牌运营自媒体时，需要根据平台不同的属性制定内容，而不是把相同的内容在所有平台上都发一遍。举个例子，微博是短消息平台，用户会利用碎片时间看看新鲜事，因此在微博上的内容应该以简单、娱乐性强、不费脑作为标准。同样的内容如果到了微信上就变得不一样了，用户会愿意花上几分钟的时间来看一篇内容，如果只是一小段话配一张图，反而显得单薄，因此需要在内容的故事性、趣味性上做文章。在图媒体上，文字就变得不再那么重要了，而是需要对每张照片精挑细选，让用户一眼就能爱上。品牌自媒体想要实现联动，首先要让每个平台都能够给用户提供最合适的内容。

（2）**跨平台联动**：既然建立了自媒体矩阵，运营时需要考虑的就不仅是每个平台独立的内容，而是应该让平台之间互相配合，发挥自身作用。一方面，品牌可以通过相同题材但是有区别的内容来实现信息传递最大化，比如可以通过微博进行简单的信息扩散，而通过微信来展开更有深度的内容解读。另一方面，不同平台与用户的沟通方式存在区别，通过微信可以实现一对一的互动，微博则可以快速提升话题热度。

2.品牌自媒体的调性选择

品牌运营的自媒体，需要统一一个调性，这个调性需要是持续的，需要是用户能够接受的，也不能偏离品牌自身的调性太远。自媒体的调性一般能够通过内容类别、语言风格和画面风格来体现。选择自媒体的调性并不是无迹可寻，从品牌所处的行业、品牌的定位中都能找到联系。

1）距离感

奢侈品、豪车等品牌，往往会在自媒体中表现出距离感，这种距离感与品牌自身的调性和日常的视觉感官表现都是统一的。

奢侈类的消费品本身就具备稀缺性质，是被消费者追逐的，而不能追着消费者跑。这个时候，品牌的自媒体不能因为想要跟用户互动而刻意去互动，互动的方式也要注意保持跟用户之间那种微妙的距离，既要体贴周到，又不能丧失格调。

从奢侈品自媒体的文字和画面上都能看出一些端倪，奢侈品牌不会使用很多网络用语，因为网络用语只是一时流行，奢侈品则要保持长期魅力。画面展现上，奢侈品常用的色调偏向金、银、黑等神秘又高级感的颜色作为基础色，构图也会采用简单、整洁的方式体现品牌的端庄感。

距离感还可以从内容选择上下功夫。内容不用过于关注时事，而应该更注重品牌本身；不应被外界因素影响太多，而是讲自己的故事。

2）亲和力

与奢侈品不同，消费品和服务类产品必须要表现出足够的亲和力，才能够进入消费者的日常。所以消费品和服务类产品完全可以在自媒体中体现更多人性化的一面，让用户能够跟品牌进行平等交流和互动。

内容选择上可以更贴近日常生活，关心消费者身边发生的事情，从而跟用户有共同话题。也可以多与用户进行话题互动，消除品牌与用户的距离感，变成像朋友一样的存在。

消费品和服务类产品可以使用幽默诙谐的语言，甚至多用网络用语，只有把自己当成用户，才能真正与用户沟通。

为体现亲和力，消费品和服务类品牌多数会使用鲜艳的颜色和丰富的画面效果，去体现积极健康的生活态度和美好舒适的生活场景。

3）专业度

还有一种类型的品牌，仅仅表现亲和力是不够的，因为用户对这些品牌的要求是专业和极致，比如科技、数码类产品的品牌。

科技数码类的品牌在内容上需要体现其专业程度，因此会选择行业内的资讯、科技类的普及知识作为日常传播内容。比如果壳网，在自媒体上的内容往往既深度，又要与大众的生活息息相关。

需要体现专业度时，品牌自媒体可以选择黑、白、灰、银等具有科技感的色调，画面也可以用信息图、3D渲染等进行凸显。

具备专业度的品牌在语言上要严谨，同时也需要考虑内容的可读性，因为过于枯燥的内容会让用户产生反感。

4）文艺范

还有一些品牌，可以在情调、情怀上下功夫，这会代表一种品牌的态度，也能够吸引一些偏好文艺的受众。但品牌首先要具备文艺的气质，但是注意，文艺不能是在自媒体上强加给品牌的特质。

比如无印良品这个品牌本身就很有文艺气息，其自媒体展现出的文字、画面也都是文艺青年的风格。

再比如宜家，无论是产品还是自媒体账号，都透着浓浓的北欧风情，倡导着一种简单、文艺的生活方式。

还有一些文化类的品牌，由于自身品牌类型的原因，也需要能够展现出文艺范，从而吸引文化品牌的消费者。

其实在品牌自媒体的调性选择上，基本可以通过品牌所在的领域、品牌自身的气质和品牌想要吸引的那部分群体作为参考因素。调性是一种感觉，不是说文艺的品牌就不能有科技感和亲和力，而是要从各种调性中找到一个平衡点，去做自己。

第 5 章

3 类型品牌的营销要点分析 / "案" 篇

虽然品牌在营销时的基本框架是一致的，但是不同类型的品牌进行营销时，存在的问题不同，解决的思路自然也就不同。

第 1 节　初创品牌的打造

初创品牌的优势在于从零开始，但是初创品牌也有自己的劣势，比如营销预算不足等问题。初创品牌进行互联网品牌营销时有以下几个要点需要注意。

构建好营销体系

正是由于初创品牌的从零开始，故其更需要在构建营销体系上入手，前期构建好的营销体系，会让品牌之后的营销活动更容易进行。从大的方面来说，营销体系包含了产品、价格、渠道和促销，但是从互联网品牌营销这个角度来看，构建好营销体系是指品牌信息各个传播层面的建设。

1. 营销需要组合拳

在第 2 章中我们提到过，品牌营销需要体系化，包括电网体系和轰炸体系。正是因为如此，初创品牌营销需要通过多个媒体平台、多种方式和内容来进行营销活动，也就是组合拳。

从消费者接触品牌信息，到最终做出购买决策，不同的营销内容能够对消费者起到不同的刺激作用；不同的媒体针对的人群也存在不同，因此品牌营销需要利用多种媒体的组合使信息更全面地传播出去。

2. 从解决问题的角度思考

初创品牌在营销上存在很多弱势，因此无法像大品牌那样大量尝试新奇有趣的内容而不考虑营销效果。因此对于初创品牌而言，营销需要从解决问题的角度思考，根据品牌面临的问题给出解决方案。

提炼核心内容进行营销

初创品牌所具备的优势是没有过多杂乱无章的品牌内容出现在互联网上，而是可以从头开始打造自己的营销体系。也正是因为这样，品牌在营销起始阶段，就需要提炼最核心的内容进行营销。

1. 简化信息

前面提到了这是一个信息过剩的时代，每个消费者每天都面对着大量的品牌信息，我们无法要求消费者记住你的所有优点。很多时候，大量的优点不如一个与众不同的特点更吸引人，毕竟营销是心智之战，而不是优点之战。

案例：西瓜视频

在短视频平台竞争尤为激烈的时候，西瓜视频如何在众多APP中突围是品牌需要解决的问题。西瓜视频是一款个性化推荐的短视频APP，基于丰富的内容和智能算法推荐能力，用户在使用过程中，每一次刷新都能收获新鲜、好看、符合自己口味的视频内容。

显然对于西瓜视频来说，丰富的内容算不上区别于其他视频应用的核心竞争力，而向用户解释智能算法带来的推荐能力也不容易打动用户，因此需要把信息简化成消费者易懂的内容。

因此西瓜视频凭借"给你新鲜好看"，让用户能够快速理解品牌特色，并通过大量西瓜元素的应用，让用户切身感受"新鲜感"。

先是联合果多美、百果园，在线下通过连续10天用30万颗布满全城的新鲜西瓜来让新品牌"西瓜视频"正式亮相。

随后，西瓜视频又在三里屯太古里对面造了一个巨型的西瓜体

验馆，其外形正好与西瓜视频的 LOGO 呼应——一个带西瓜籽的半切西瓜。西瓜体验馆真的自带两个水龙头，可以接新鲜的西瓜汁进行饮用。

案例分析：一系列营销活动都围绕着"新鲜"这个概念进行，让西瓜视频迅速获得了大量关注，也让品牌与"新鲜感"产生了强关联。

2. 聚焦于接收方

很多初创品牌在进行营销时，总是陷入不断强调自己的误区。实际上品牌需要做的是聚焦接收信息的人。聚焦于信息接收方，就是去了解目标消费群体的生活状态、心理活动和消费场景，把品牌的价值与他们进行场景化联系。

案例：弹个车

"弹个车"是大搜车基于蚂蚁金服开放平台赋能的"信用购车，先用后买"弹性购车金融服务方案。从弹个车提供的服务来看，消费群体是年轻、消费能力不足、习惯先享受后还钱的新生代消费群体。

案例分析：针对年轻群体，弹个车找到了对于年轻人而言十分扎心的生活场景，来体现产品的核心优势。如打不到车、不能带宠

物出门、有驾照没车等现实问题，告诉消费者使用这款 APP，轻轻松松就能解决这些问题。

为了进一步讨年轻人的喜欢，弹个车还邀请了最受 90 后喜爱的明星薛之谦作为品牌代言人，并拍摄了年轻人喜欢的脑洞搞怪风格广告片。品牌形象上也通过卡通小黄兔来与年轻人拉近距离。

在一段时期内，主打一个调性的内容

初创品牌需要在消费者心中留下一种统一的形象，因此在一段时间之内，比较适合主打一个调性的内容。既然营销是为了赢取消费者的心智，就需要通过一致的调性来提高初创品牌的辨识度，而不是今天一个样，明天又换一个样。

案例一：好色派沙拉

好色派沙拉是一个专注于主食沙拉的消费品牌，但是人们对于健康食品的普遍认知是"不好吃"。为了激发目标消费者的食欲，好色派以创造性感的内容来进行消费者教育。在营销内容上，好色派采用不同的方式展现食物本身的性感，通过对各种食材的介绍和理念的阐述，引导着一种追求性感的生活方式。

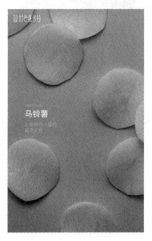

　　案例分析：好色派的内容呈现颜色鲜艳，文艺范十足，同时又让人充满食欲。看到食物如此性感的样子，用户只会迫不及待地吃掉它。而好色派在很长一段时间之内，一直通过统一调性的内容打造食物性感的样子，并逐渐形成了自己的特色。

　　正是由于这种对食物的展现方式，好色派打造出了属于自己的性感，让用户意识到健康饮食的重要性。在这个过程中，好色派突出的调性渐渐区别于其他品牌，在沙拉领域独树一帜。

案例二：ofo共享单车

从共享单车出现到一夜之间铺满大街小巷，不是很长时间的事情。小黄车无疑是众多共享单车里最惹眼的那个，写字楼下、公交站旁，一打眼就能看见整排的小黄车，产品自身就成为移动的广告牌。

出身大学校园的 ofo 身上自然少不了青春、阳光的文艺气息，这也成为品牌有利的传播点。

案例分析：众多共享单车品牌中，ofo 小黄车从一出现就以一种健康、阳光的形象占据了众多消费者的心智。而这种形象，从 ofo 的单车、出街的广告到品牌选择的代言人都出奇一致。

从广告投放上来说，ofo 也坚持着一贯的调性，并通过与产品本身同色的广告牌吸引着人们的眼球。小黄车推出的广告片《感受城市微风》也充斥着大量的文艺气息，里面的一段文案写道：

当车轮开始转动，就有了风

风经过你，经过脸庞，吹散发梢不着痕迹

你像一只黄色的飞鸟，越过街道

不必等风来，向前，自有微风迎面

文案风格就好像是一个大学生，用文字记录骑着单车穿街走巷，享受着年轻、健康的样子。

从代言人的选择上来看，ofo 也没有偏离这个文艺青春的调性，鹿晗的个人形象与 ofo 所要传达的"青春时尚、高效、健康"等品牌理念完全一致。另外，鹿晗在国内外的影响力极高，粉丝群体覆盖面广，在年龄层的覆盖上也与 ofo 的用户群体十分契合。

第 2 节　传统品牌的创新

传统品牌在互联网品牌营销时代面临的局面与初创品牌有所不同，传统品牌原本的品牌形象已经深入人心，做全盘的改变会非常困难。但是如果停留在过去而不做改变，又难以获得年轻的消费者，不利于品牌年轻化。传统品牌进行互联网品牌营销时，可以从物料质感、娱乐时尚性和公关的角度入手。

加强物料质感

随着消费升级，消费者对于品牌的需求也变得更高，这个要求不仅表现在对产品和服务的要求上，也表现在对品牌和品牌内容的质感上。即使一个品牌的产品很好，但是若表现在大众心中的形象差了一些，消费者也可能会选择其他品牌。

品牌也是品牌使用者品味的体现，因此传统品牌在进行互联网品牌营销时的一个关键方法就是加强传播物料的质感。

品牌都想要抓住年轻人，原因有三个：一是，目前的消费群体中 80 后是消费能力最强的；二是，即便目标消费群不是年轻人，也需要对年轻人进行品牌教育；三是，消费者更倾向把自己定位为年轻人，也就更倾向于选择定位是年轻品牌的产品。

正是因为这些原因，品牌提升传播物料质感的一个方面就是符合年轻群体的审美观。现在是一个看脸的时代，若外表都不好看，就无法吸引别人看自己的内在。传统品牌在这个时候不能自恃几十年的历史而不注重外在形象，反而更应通过好看的形象吸引消费者。

我们对方太最深的印象多数来自于神转折的短视频，觉得一个做高端家电的传统品牌，竟然也可以做出脑洞那么大的故事。但是如果细心一些就不难发现，方太从各个方面产出的内容都开始在向年轻群体的审美靠拢。

无论是从日常的运营，还是从产品的海报，都能够看出方太的用心。尽管方太已经有 20 多年的历史，主要的消费群体也是相对有经济实力的群体，但并不妨碍内容的年轻化。

符合年轻群体审美不仅体现在平面上，文字也是一样。传统的广告文案已经难以走进年轻群体的内心，反而是一些接地气的文案，能够更好地跟年轻群体沟通。年代不同，文案不一定再是咬文嚼字，最朴实的语言也一样可以说出最扎心的话。

有着百年历史的百事可乐，在向年轻群体审美靠拢方面也同样不遗余力。就在 2017 年年初，百事可乐推出了"人生百味，搭百事就对"的视频和海报。文案内容不是晦涩难懂的语言，而是把如分手、恋爱等年轻人日常生活中的场景与吃结合在一起，文字朴实接地气，说的却是走心的道理。

　　品牌在进行互联网品牌营销时，都需要尽量符合年轻群体的审美，传统品牌想要改变自己的传统形象，也就更要从这方面入手。

可以有历史，但不能没品质

　　其实年轻消费者并非不喜欢有历史的品牌，品牌的历史恰恰可以成为品牌的重要优势，但是很多传统品牌却把品牌历史变成了劣势。品牌可以有历史，但不能没品质。

　　大家耳熟能详的奢侈品牌往往都有很长的历史可以挖掘，也正是因为这些历史，让品牌更具备价值。但是我们发现，消费者却不会觉得这些老品牌可以作为时尚的风向标。之所以奢侈品无法作为大众消费品的参考，是因为奢侈品营造出来的距离感，这种距离感只符合品牌特性，却不适合大众消费品，大众消费品需要的是营销内容上的品质提升。

我们来看转型做得有声有色的百雀羚是如何从品质上入手的。百雀羚创立于 1931 年，曾经也风靡一时，但随着时代发展，百雀羚在产品和营销方面开始跟不上步伐了，年轻人的心目中对百雀羚有了"老国货"的定位。

转型过程中，一方面，百雀羚需要摆脱"老"的感觉来占领年轻消费群体；另一方面，百雀羚又不能抛弃自己近百年的历史。品牌年轻化就需要从品质上入手。

首先是产品上，百雀羚更新了包装以此来吸引年轻人。但是我们会发现，百雀羚的新包装依然充满了东方特色和古典韵味，因为历史与品质并不冲突。

在社会化营销层面，百雀羚选择与"博物杂志"这类深受喜爱又不明觉厉的自媒体进行合作，推出了"花YOUNG百出"系列海报。海报依然符合百雀羚的东方气质，而知识科普类的大V则把品牌拔高了一个段位。

在最近的《一九三一》里，百雀羚与"局部气候调查组"合作，制作了民国风格的长图，这样形式新鲜、画风精致的作品一出现就获得了大量关注。先不考虑效果，纯从传播内容的品质上来看，百雀羚塑造出了足够的品质感。

传统品牌无须在意品牌的历史，更应该做的是把目光聚焦在营销内容的品质上，从而把品牌的历史转变成优势。

增加娱乐时尚元素

年轻消费群体最关心的三个元素是爱、玩、吃。其中玩的元素是品牌最容易结合也是能最快速吸引眼球的元素，因此传统品牌在进行互联网营销时，需要充分考虑传播内容的娱乐元素。

1. 脑洞大开博眼球

想要让年轻人喜欢品牌，品牌方需要用年轻人的思考方式进行思考。随着社交媒体的发展，一个网络用语"脑洞"诞生，表示用超强的想象力填补故事空白，而讲故事，正是品牌传播的重要手段之一。

脑洞故事之所以受欢迎，也是因为这类故事总是出其不意，出其不意是好创意的衡量标准之一。出其不意的结果所带出的品牌信息让广告看起来不那么硬邦邦，反而能够使人印象深刻，从而深受年轻群体的喜欢。

方太在进行互联网品牌营销时，打造了一系列脑洞大开的网络视频。

2016 年母亲节前夕，方太发出了一条《史上最强大的厨房智能》视频，视频里结合当下热门的人工智能，大部分都在对方太智能 M 进行描述，但在结尾却进行了剧情反转：原来能够照顾日常起居、煮可口食物、关心情感的强大智能就是母亲。

当看到结尾发现真相时，再去回忆情节，母爱充斥整个视频，让消费者在不知不觉中感受到母爱的伟大。这样讲故事的方式，比起单纯讲述产品卖点更能够深入人心。

另一则脑洞故事被方太拍成了MV，以《炒包菜》为歌名让用户不明所以。MV中通过各种场景表现主人公一方面吃包菜吃到崩溃，另一方面又一下班就狂奔到超市买包菜。魔性的画面和音乐让人哭笑不得，又不禁想问：到底为什么一定要吃包菜？MV的结尾给出了答案：因为包菜好洗。

这时有煮饭经历的人都会懂，洗菜确实是很多人嫌麻烦且不爱做的事情，而方太的水槽洗碗机不仅能洗碗，瓜果蔬菜也可以洗得

干净，从此不用只吃包菜。

其实我们会发现，娱乐性质的内容在价值观正确的基础上，并不会损害品牌形象，反而能够让信息更容易被记住，同时能收获好感度。即便是方太这样定位为高端厨电的品牌，也能够在品牌倡导的大方向不变的情况下，玩出新的高度。

2. 明星结合聚人气

传统企业由于历史悠久，主力消费群体经历了代际变革，想要避免品牌老化，就必须要抓住年轻的消费群体。获得年轻群体的好感度，往往需要从他们喜欢的事物上入手，比如明星。结合明星一方面能够增强品牌被讨论的可能，另一方面会直接影响一部分人对品牌的态度。

vivo 在互联网品牌营销中，就通过明星聚拢了非常高的人气。

热播韩剧《太阳的后裔》在社交媒体上引发了大量的讨论，男主角宋仲基也因此成为全民男神。vivo 趁热打铁，在 X7 系列手机发布时，邀请宋仲基作为品牌代言人，并拍摄了 TVC。

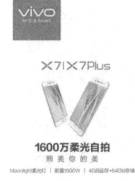

2016 年奥运期间，vivo 又找到了最高讨论热度之一的小鲜肉宁泽涛，制作了一支 H5 来为手机做宣传。

《湄公河行动》上映后，主演之一的彭于晏深受网友喜爱，vivo又第一时间抓住机会，与彭于晏合作了 X9 系列手机的广告片。

我们会发现，曾经的步步高到现在，vivo 经历了一次华丽转身，在获取年轻人的道路上，vivo 紧紧抓住了明星元素，来为品牌获取人气。

3. 游戏捆绑赚流量

2016 年，中国超过美国成为世界上最大的游戏市场，因此结合游戏也是品牌进行娱乐营销的方式之一。网易的《阴阳师》发布 8 个月，全球下载量就超过了 2 亿，这对于品牌营销而言又是一个不可多得的流量来源。

肯德基携手《阴阳师》在 8 个城市打造了线下主题门店，《阴阳师》在游戏地图中绑定了全国的肯德基门店，玩家可以进入肯德基 LBS 地图攻打副本并获取稀有道具，在肯德基店铺中，玩家更可以互相交流心得。

肯德基针对《阴阳师》推出的套餐在一周内售罄，可见游戏捆绑给品牌带流量的潜力巨大。

娱乐元素能够很好地帮助品牌与年轻群体沟通，尤其是传统品牌，在品牌年轻化的道路上善用娱乐元素，会达到事半功倍的效果。

传统媒介的创新和新媒体的传统内容

我们经常看到有关唱衰实体店的文章，同时却发现一些互联网品牌大开线下体验店；我们也经常看到传统品牌逐渐走向没落，同时也看到一大批传统行业新品牌涌现。在营销上，传统媒介时常出现社会化的营销内容，社会化媒体也不乏传统形式的介入。这些现象都是在说明，其实传统和社会化之间的界限越来越模糊。

1. 传统媒介新玩法

在互联网时代，传统媒介失去了以往的地位，但并不代表传统媒介无法继续给品牌营销带来帮助。恰恰相反，传统媒介一旦找到新的形式和玩法，更能够吸引用户的眼球。

（1）报纸：在纸媒一直被唱衰的今天，报纸似乎离我们的生活越来越远，但是对于品牌营销而言，报纸仍然可以玩出新花样。从方太的猜字活动，到京东大学全国卷，报纸在营销链条中能够很好地起到留悬念、博眼球的作用。

（2）地铁广告：除了报纸广告被玩出各种花样外，如今的地铁广告也颠覆了传统玩法。曾经我们看到的地铁广告画风几乎一致，大产品、大 logo、代言人，这符合传统媒体时代的人们的阅读习惯。但是随着社会化媒体的发展，地铁广告的画风也开始发生了巨大的转变，互联网风格的文案、装置艺术、裸眼 3D 都变成了地铁广告的元素。

（3）户外广告：同样作为传统媒介，户外广告也有着创新的方式。户外静态广告的吸睛作用不容小觑，于是一些新鲜玩法也被开发出来。先用户外广告吸引注意，再通过二维码进行用户互动，或者直接通过户外大屏幕进行双屏互动，随着社会化媒体的发展，传统媒体再也不那么"传统"了。

媒体还是那些媒体，但是人们的喜好改变了，阅读习惯改变了，传统的方式自然无法再吸引消费者。好在传统媒体还是人们生活中不可忽视的存在，其媒介作用并没有消失，只是需要通过创意

打破传统媒体和新媒体的界限，生产符合目标用户喜好的内容。

2. 新媒体的传统内容

媒体的更新很大程度上决定了内容的创新，新的内容必须符合新媒体的传播环境和硬件基础。但是我们会发现，一些看似传统的内容，也在新媒体上玩得风生水起。

（1）口播：口播是非常传统的广告形式，尤其是在电视上，综艺节目几乎都会有口播的身影。但是到了新媒体上，口播摇身一变，被开发出了新的价值。《奇葩说》作为一档网络综艺节目，是网络时代的产物，但是通过主持人和选手的花式口播，让口播这种传统的内容有了新的生命力，不仅得到了赞助商的认可，也获得了粉丝的喜爱。

（2）杂志：杂志是一种传统的内容载体，随着新媒体的发展，纸质媒体开始失去了曾经的吸引力。但是杂志精美的图片和排版，以及能够吸引某个兴趣群体的特点却是精准传播的有利条件，因此我们会看到一些品牌把杂志搬到新媒体上。MINI 就在线上发起了一场"寻找 CLUBMAN 车主做一本杂志"的活动，方太也打造了一本"厨房趋势手册"。

通过以上的例子我们不难发现，传统媒体和新媒体的界限其实越来越趋于模糊，关键还是在于形式和内容的创新，而这一点对于传统品牌尤为重要。通过形式和内容的创新，已经拥有一定传统媒体基础的传统品牌可以充分利用自身的优势，从而获得年轻群体足够的关注。

第3节　企业家个人品牌的塑造

每一个成功品牌的背后，一定有一个优秀企业家。企业家一方面能够体现品牌的核心价值观，另一方面能够体现品牌在员工激励、社会责任等方面的表现。企业家的个人德行、经营理念、用人理念、文化素养等，都会被人看作是品牌的人格化体现，会给品牌带来额外的社会认可和品牌效应。企业家应既有实干能力，又善于通过宣传所形成的企业家品牌，对企业品牌打造发挥更大的促进和提升作用。

找对标签

如果说品牌或者产品需要一个定位，那么企业家品牌更需要一个定位，也就是一个大众眼里的标签。这个标签让企业家能够区别于其他人，从而让企业家品牌更容易发挥作用。有些标签是企业家自身拥有的特质留给大众的印象，是自然而然形成的，有些标签则需要去经营。

1. 节俭

很多人对于企业家的最大印象是开豪车住豪宅，这样的形象是"正常"的，因为人们不会强求一个有钱人过节俭的生活。但也正是因为这样，节俭才会成为企业家在公众心中不可多得的品质。

华为总裁任正非因为一张"深夜独自排队等出租车"的照片一时之间成为人们讨论的对象，也有其他网友出来爆料，说曾经偶遇过任正非拎着一个旧皮箱出现在机场摆渡车上。人们不禁发问，如此庞大产业的掌门人，为什么没有车接，没有走机场的贵宾通道？

通过该事件，任正非在大众心目中留下了艰苦奋斗、廉洁自律的印象，甚至被许多媒体挖掘出其对待内部员工的要求，刚好符合华为品牌的企业文化与价值观。

2. 勤奋

人们往往关注的是企业家光鲜亮丽的一面，却很少看到他们背后为之付出的辛苦，因此对于企业家而言，勤奋也是一个提升好感的重要标签。

王健林每天坚持 6 点起床，库克早上 4:30 就开始回复邮件，马斯克一周工作超过 100 个小时，这些努力勤奋成就了他们。同样是有钱人，人们对于勤奋的企业家会心怀好感，对于暴发户就总是投去异样的眼光。这是因为勤奋是每个人都能做到的，而一夜之间的暴富却是极少数人有的运气。

3. 励志

无论是创立了新东方的俞敏洪，还是成就了淘宝帝国的马云，又或者创造了 NIKE 的菲尔·奈特，每个人的奋斗史都可以称得上是经典的励志故事。他们都不是豪门出身，但是凭借自己的信念和对梦想的坚持有了如今的成就。

我们经常会在社交媒体上看到马云和俞敏洪的演讲，也能够通过《鞋狗》了解到菲尔·奈特的故事，这些故事会被大众口口相传。企业家的励志故事给了很多人精神上的动力，让他们能够有勇气坚持自己的梦想，这也是励志故事被广泛传播的原因。

要塑造企业家的个人品牌，必须先确定一个标签，企业家品牌同样也是心智之战，有合适的定位才能脱颖而出，实现最好的传播效果。

统一输出的内容

企业家个人形象需要通过统一输出的内容来逐步形成，比如"一亿小目标"的王健林，"梦想总是要有"的马云，都是通过大量的报道、视频、个人演讲等方式积累起来的。因此想要建立企业家个人品牌，统一输出的内容是第一步，这其中包括但不限于照片、个人经历、商业理解等。

1. 照片

对于企业家品牌而言，正面的形象是必要的，因此对于个人照片的输出需要一定的管控，即尽可能让出现在公众视野的照片能够符合企业家品牌的定位。

2. 个人经历

个人经历是企业家品牌最具个性化的体现，企业家在公众面前表现的个性也许是与生俱来的，也许是因为企业需要而特意设计的，但不管怎样，个性化的形象都有助于你从千千万万的企业家中脱颖而出。通过对个人经历的传播，能够让大众对企业家有更为统一的认知，同时通过讲故事的方式获得更多好感。

褚橙就是用褚时健的个人经历作为背景，来体现品牌满满情怀的。正是由于褚时健人生跌宕起伏，让褚橙成为人们津津乐道的话题。

3. 商业理解

成功的商人对许多初入职场或有心创业的人来说都是很好的榜样，通过传播个人观点、商业理解、市场前瞻等内容都能够为企业家吸引大批的粉丝，甚至被看作人生导师。

不少知名企业家会通过自传、商业书籍等方式来阐述自己的商业理解，这样一方面可让大众更直观地了解企业家的经商之道和品牌

NIKE 创始人菲尔·奈特的自传

发展的故事，另一方面对于品牌而言也是一种侧面的传播和营销手段。

企业家品牌锦上添花技巧

除了企业家个人本身具备的话题性和商业理念外，一些锦上添花的技巧能够帮助企业家塑造个人形象，从而实现营销效果，比如百科、社交账号、个人演讲、慈善行动等。

1. 百科

经常出现在公众视野的企业家必然会成为人们搜索的对象，因此建立完善的个人百科对于企业家而言是统一个人信息的最佳方式，也是企业家个人的有力背书。

2. 社交账号

作为普通人接触不到的企业家，建立自己的社交账号与用户沟通，不仅能够体现企业家的平易近人，还能体现个性化，同时能够作为个人品牌传播内容的重要出口。

（图片来源：马云的个人微博）

如马云、蔡文胜、雷军、罗永浩、陈欧等企业家都拥有自己的微博，还获得了大量的粉丝关注。

3. 公开演讲

能说会道的企业家当然也会加分不少，因此如果具备一定的演讲能力，参与公开演讲也是企业家保持曝光度、给自己增加人气的方式。微软的比尔·盖茨、亚马逊的杰夫·贝索斯、特斯拉的伊隆·马斯克等人就经常出现在公开演讲场合。提起国内能说会道的企业家，人们自然会想到马云、罗永浩、俞敏洪等人。

星巴克董事会执行主席霍华德·舒尔茨在清华大学演讲

在这个信息化时代，恐怕再也没有比直接向投资者、消费者进行演讲更好的广告了。从某种程度上来说，一个有个人魅力的企业创始人、明星 CEO，就是品牌的最佳代言人。精心准备的演讲，会成为一种社会化营销。通过在公开场合说话，或是向大众展示对公益的关心，或是对创业经历的回顾，可完成对品牌价值观和企业文化的输出。

第 6 章

互联网品牌营销
经典案例与分析／"例"篇

互联网品牌营销的理论能够对品牌打造起到一定的指导作用，但是对于品牌和营销从业者来说，只有对一些经典的案例如数家珍，才能够更好地理解营销的方法论，并不断从经典案例中总结经验。

第 1 节 麦当劳——不放过每一个潮流

2013 年到 2014 年是麦当劳销量连续下滑的两年，在 2015 年情况依然不乐观，年初首个季度净利润下滑 11%，全球通店销售额下降 2.3%。在竞争日益激烈的快餐界，麦当劳正在不断调整菜单、推出各种促销活动，并在营销上不遗余力地拉近与年轻人之间的距离，试图扭转销售颓势。

时下跨界营销逐渐成为众多企业互联网品牌营销方式之一。它所带来的不同行业和领域之间产生的关联与碰撞具有更强的多样性，人群与玩法也更加丰富。麦当劳自然不会错过这样巧妙的手段，"跨界"推出了一波接一波漂亮的营销活动。

麦当劳 +UBER（一键呼叫 U 堡宝）

2015 年麦当劳联合当时话题性强劲的 UBER，双方于 10 月 30 日在上海展开了首次跨界合作。麦当劳为此次跨界营销在产品上同步创新，推出新品热烤墨鱼面包 UBER 特别版，同时推出限量版玩具 UBER 汉堡小熊"U 堡宝"，并与 UBER 拼车功能结合，继而点出此次的活动主题——"拼出味来"。

"新品 + 跨界元素 + 限量版玩具"的玩法调动了受众的积极性，吸引了广大消费者的参与，提高了用户对两个品牌的关注度。

麦当劳 + 京东

　　快餐行业最为人津津乐道、最受消费者欢迎的促销方式之一就是减价促销。在互联网的消费习惯已广泛形成的环境下，麦当劳找到了互联网电商巨头之一——京东，与之共同打造了一波联合促销。

　　在京东手机客户端下单指定的麦当劳套餐，即可享受立减 5 元的优惠，使用"网银＋"支付可以再减 5 元，如果二者同时使用相当于每款套餐可以节省 10 元。

　　麦当劳通过随处可见的"Give me ￥5"直接告诉消费者减价的形式，利用京东手机客户端的流量，来拉动套餐的销量，提升到店用餐的客流量。而京东同样可以借助麦当劳全国众多的门店，拉动手机客户端和"网银＋"的绑定，双方在此次合作中达到共赢。

麦当劳 + nice

在社交网络极其发达的当下，食物的分享属性随之得到极大提升。在面对美食时，越来越多的年轻人形成了不拍照发朋友圈就不吃的现象，我们将此现象称为"饭前拍照综合征"。为了满足年轻人一颗"晒美食"的心，麦当劳在上海的自创汉堡店"我创我味来"（Create Your Taste）限时推出了五款秀色可餐的拍照背景板。这五款背景板由国内领先的图片社交应用 nice 特别设计。

此次麦当劳携手 nice，精准抓住年轻消费者的痛点，打造了一次设计感满满的美食拍照体验，好评如潮。双方也共同获得了销售与热度的提升，完成了一次圆满的跨界营销。

麦当劳 + 时装秀

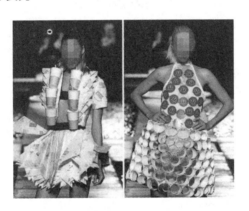

在位于美国东海岸的佛罗里达，麦当劳举办了一场前卫的"时装秀"，20 位身穿"麦当劳高级定制"服装的模特在秀场上婀娜多姿地展示着，而这次其实并不是一场正儿八经的时装秀，因为模特身上穿的是麦当劳门店随处可见的食物包装盒。

据不完全统计，在秀场上展示的 24 件作品中，共使用了 4600 个三明治包装纸、1770 个薯条盒、600 件打包袋、500 个三明治包装盒、200 个饮料杯、500 袋番茄酱托架以及 100 个麦旋风纸杯。

继 2014 年意大利品牌 Moschino 的设计师 Jeremy Scott 将麦当劳系列搬上 T 台，在秋冬系列中融入了经典的红黄色调，还仿照奶昔杯、儿童套餐盒的外形设计了新款包包之后，麦当劳再一次跨足时装界出现在秀场上，用年轻和创意大肆吸睛，赚足眼球。

麦当劳 + 支付宝

2015 年 9 月 24 日，麦当劳与支付宝合作，麦当劳中国 2100 多家餐厅逐步支持支付宝支付，并进驻支付宝"商家"频道。另外，双方将在数据层面展开深度合作，利用大数据打造线下餐饮向"互联网 +"升级的标杆案例。

此外，"大数据合作"是麦当劳和支付宝互相联合的战略意义所在。支付宝借助麦当劳庞大的门店体系了解线下商户和生态，进而更好地为后者提供平台和能力支持。而麦当劳则利用支付宝的互联网、大数据技术帮助其实现向 DT（数据技术）时代的升级，从而获取精准的地段客流的年龄、性别分布以及消费习惯等特征，让麦当劳更科学地找到目标客户，并为其门店选址提供精准科学依据。

麦当劳 + 小黄人

作为快餐界买套餐送玩具的始祖，麦当劳早在 1979 年就在美国推出了开心乐园餐，从此玩具赠品成为麦当劳的一大特色，竞争对手也争相模仿。

2015 年麦当劳再次创新，在中国市场跨界影视周边，推广小黄人玩具，设立主题餐厅，产品包装风格大变，连店员都穿上了黄衬衫及小黄人标志性的牛仔裤。他们凭借小黄人的热度，推出新产品，如杧果酸辣风味酱、岩烤鸡翅等，反响相当不错。2017 年，小黄人再度掀起一波热度，麦当劳自然不会放过这个机会，再度推出联合玩具和制式餐点，让粉丝们一次玩个够。

案例点评： 麦当劳是全球最具影响力的品牌之一，这个创立于 1979 年的品牌至今仍然能够让小孩子和青少年们流连忘返，这与其大胆的、紧跟潮流的营销是分不开的。通过以上几个跨界营销的案例我们不难发现，无论在消费者体验上，还是在营销内容上，麦当劳一直敢于尝试新的东西。而在互联网时代，人们都在追求新的东西，年轻人都喜欢出其不意，大胆尝新总是会给品牌带来意想不到的效果。

就在本书完稿前夕，《中国有嘻哈》这档综艺节目掀起了一场全民嘻哈热潮，麦当劳也走在最前面，通过代言人吴亦凡带来了一场嘻哈营销。我们暂且不从专业角度去讨论这场营销的洞察，单单从形式上，麦当劳就已经圈住了一大票粉丝。

许多品牌在进行互联网营销时过于保守，不敢做第一个吃螃蟹的人，总是等到大家都去尝试了之后才敢行动，往往会错失很多良机。也正如前面章节提到的，如果没有像麦当劳这样的品牌实力去不断尝试推新，那么在国际品牌掀起热潮后，能及时跟进，也能够收获一定的热度。

第 2 节　淘宝＋天猫——用品牌参与度圈粉

阿里系的淘宝和天猫两大品牌在互联网营销的道路上，一直以年轻、有趣、创意十足的风格不断冲击着消费者的眼球，消费者也同样对于这样的"花招频出"十分买账。

淘宝二楼：《一千零一夜》

　　将手机淘宝的首页下拉，有一个神秘而有趣的地方，被形象地称为"淘宝二楼"，而"夜淘宝"就这样在其中安了家。

　　在 2016 年 8 月 10 日的晚上 10 点，一档以"美好的事物能治愈"为主题的《一千零一夜》栏目以一个首页设计开始了自己的发声，在"淘宝二楼"正式上线。

　　第一季的《一千零一夜》以淘宝美食为主题，以视频影片的形式讲述了神秘的小帐篷里发生的 16 个都市奇幻小故事，同时在其中浮现淘宝上优质的商品从而促进购买成交。《一千零一夜》每周三、周四推出一集，并以手机端用户为主，首次推出竖版视频。每个故事的风格都不同，有的文艺，有的悬疑，有的青春。栏目一经推出，就得到了淘宝用户的极大好评，迅速在社交媒体火爆传播开来。

　　《一千零一夜》的项目经过半年时间的准备，针对占比超过 80% 淘宝用户的 80、90 后年轻人睡前刷淘宝的习惯，利用大数据分析得出在 22 点到 24 点的流量高峰中，用户喜欢买点美好的东西治愈和激励自己的行为。《一千零一夜》通过展现繁荣的夜生活，挖掘淘宝的夜间经济潜力。

　　为了打造一个优质的消费内容分发平台，淘宝结合移动特性和大数据，在不同时段，结合用户的场景需求，提供相符的内容。在品牌升级的路上，淘宝本身作为一个非常有趣的 IP，通过挖掘丰富的故事形式 + 主题商品的呈现，在品牌和营销方面都得到了用户更加深层次的认知。

　　在内容方面，把故事的发生时间设定在深夜，点明"一千零一夜"的主题，增强用户在观看时的代入氛围。

每一个故事围绕商品巧妙展开，并根据用户需求在影片中体现"奇幻感"和"治愈感"，贯穿一千零一夜"美好的物品能治愈"的标语，不断刺激用户精神痛点，并实现将内容转化为消费行为的目的。

从最终的效果上来看，前两期的主推商品都是上线不久即"售罄"，而且很多消费者几乎都是在不做任何询问的情况下直接下单，震惊了卖家。这档栏目得到了非常多的用户的肯定与反馈。这与通过互联网大数据精准的人群定位、行为分析及优质的内容制作与呈现是密不可分的。

从淘宝《一千零一夜》栏目取得的成绩可以看到，过往一直以"流量"为王的观念正在逐渐转向"内容孵化流量"的方式。互联网不仅是最有效的传播途径之一，在互联网环境下产生的大数据分析等工具的高效利用也无比重要。

"淘宝二楼"打通了视频类内容和购买行为，实现了内容引流、变现流量的全通路，成为视频内容营销的聚合平台和新流量的聚集地，并针对年轻化不停地推出新奇、好玩有趣的项目。淘宝希望在用户心中，把自己打造成一个可靠的小伙伴，温暖、幽默、万能，陪你发现生活的各种趣味、更好玩的淘宝。

天猫无忧购——"无忧手机话剧团"

天猫在 2016 年 7 月正式上线其整合服务品牌——"天猫无忧购"，意在将"7 天无理由 0 秒响应""上门取退""极速退款""超长质保"等囊括网购方方面面的各种特色服务统统打包，让消费者在天猫购物时可以获得优质的服务体验。

在 2017 年 2 月的最后一天，天猫无忧购采用了"享受购物，忘记服务，无忧就够了"的策略，以"无忧手机话剧团"作为核心创意点，通过一只形式新奇的 H5——《首个手机话剧团开张了！》作为主要传播物料，打开了一场有趣的互联网营销"话剧"。

这则 H5 以设计和技术为亮点，通过视觉的第一视角让用户在一开始的体验过程中就产生强烈的代入感，很大程度上提升了趣味性，加上丰富的场景和道具设计，最终进入正片的播放环节。

内容上，视频围绕"天猫无忧购"的服务内容与特点，通过人体不同感官部位的拟人化，用搞笑、怪诞的风格，迎合当下年轻人对于互联网视频的调性需求，从而增加其话题性与传播性，吸引观看并刺激其在社交网络的分享转发，有效地把"天猫无忧购"推送至用户的面前。

"天猫无忧购"成功打造出了一场高热度、高传播的营销活动，这场活动充分利用互联网多样化的互动形式与视频调性的特点，玩出新奇有趣的花样，不仅塑造了品牌，也抓住了更多用户的心。

案例点评：淘宝和天猫的营销一直在努力营造一种有趣的氛围，用户在这样的氛围里丝毫不会有压力。看淘宝的二楼故事就好像是进入了另外的一个空间，看着各色的人发生着各种有趣的故事；看天猫的 H5 就像是一场视觉盛宴，新奇有趣的画面吊足了用户胃口。

淘宝和天猫的有趣，就是提高品牌参与度的方式，想方设法和年轻人打成一片，想他们所想，想他们所不敢想。这样有趣的方式不仅让用户心甘情愿当自来水为品牌传播，更不断地勾起用户的购买冲动。

互联网的主力军是那些互联网原生用户，他们喜欢娱乐、新鲜、脑洞、有趣，他们对硬邦邦的广告无感，但是会转发好玩的H5 或者脑洞大的视频给朋友看。想拉拢这样的一群人，品牌就不能只是品牌自己，而是要想办法变成他们，让他们能够参与进来。

第 3 节　耐克——用线上跑步社群聚集粉丝

耐克（Nike）大中华区传播总监黄湘燕说："除了提供产品之外，我们现在最想做的事情其实是提供服务。所谓服务，就是让用户对品牌和运动的认知更完整。"

在 2013 年 11 月 11 日"双十一"那天，就在所有人都将精力放在购物狂欢节的时候，耐克在微信上低调推出了针对跑步人群的公众号 Nike+ Run Club。上线仅仅 10 天，这个服务于跑步爱好者的账号就吸引到 16124 名关注者，通过账号内置的组建跑团功能，这些用户迅速创建了超过 1000 个跑步主题的微信群组。

微信公众号 Nike+ Run Club（以下简称 NRC）上线后，菜单界面就处于不停地调整中，但所有调整主要都围绕着几大主要板块功能作为其公众号服务的重点内容。

（1）实用指导型咨询：根据用户的个人信息，推荐跑步装备的最佳选择；帮用户规划个人的日常训练及备赛马拉松；提供关于运动受伤、饮食等方面的知识；为用户提供专业级的 NRC 课程。用户在公众号内不再只是简单地获取基础信息，还能够在跑步这件事上得到更多的专业指点，进而达到进步的目的，这也是 NRC 的用心所在。

（2）约跑：这是 NRC 在 2014 年 10 月推出的功能，使得用户可通过 LBS 获知周边的跑者，他们可自发集结形成跑团，也可自愿加入其他跑团。从微信转移到线下的跑步活动中，为用户在跑步的同时提供更多的社交机会。通过这个平台，耐克更加社交化和多元化。

（3）跑步成长计划：2016 年 1 月初，NRC 的菜单上线了一个新模块"跑者成长计划"。其中设立 10 个趣味性的"主题跑"关卡，其用循序渐进、逐步解锁的方式来激励用户参与到跑步运动中，并养成良好的习惯坚持下来。在此过程中不但促进了 NRC 的活跃度，同时加强了用户对于 NRC 的依赖性和黏性，激励型的方式也更有助于带动用户完成每一关卡后在社交网络上的分享行为。

（4）个性化活动：从一开始的"跑到着迷"——在微信里设计与跑步紧密相关的微信表情和制作海报同好友一起分享，到现在的"马拉松个人大片"——输入相关信息就能将你的马拉松经历制作成好玩的大片，再到"管你怎么跑"——晒出自己跑鞋的鞋底合影留念，这些富有趣味的功能，使用户更加体会到跑步的娱乐性。

优质内容与服务的打造，成为 NRC 公众号用户跑步生活中的一部分，其实不止如此，耐克还针对不同的人群、运动项目以及品牌，分别推出了相应的微信公众号，如 NikeBasketball（耐克篮球）、NikeWomen（耐克女子）、NikeLab、Jordan 中国等，且在其官方微信公众号菜单栏内进行引导和关注，为打造耐克的互联网运动大社群而精心运营。

案例点评： 在 NRC 公众号的推广方面，耐克通过庞大的线下零售门店体系、丰富多样的活动、线上创意视频及引导扫码等方式进行，粉丝量在短时间内取得了飞速增长。

耐克之所以能够留住用户并成功形成社群，是不断引导、培育用户并使之形成使用习惯，同时不断增加用户黏性、吸引更多的用户参与进来的结果。而且对于耐克来说，通过在互联网产品上的持续发力，正在实实在在地了解用户，包括用户的运动频率、运动时间及位置信息等，这些数据当中隐藏着极大的价值，可帮其进一步优化互联网营销策略，形成沉淀。这样的战略布局不仅利于耐克自身，长远来看，也能够惠及整个运动用品行业。

第 4 节　New Balance——自述是最好的方式

New Balance（以下简称 NB）作为国际知名的运动兼休闲品牌，

一直在消费者心中维持着居高不下的好感度。这与 NB 的产品和互联网品牌营销策略密切相关，NB 一直以偏爱情感路线的主题选择作为其特色，如打造"致匠心""这是我们的原色""每一步都算数""致未来的我"等话题，挖掘目标群体深层次的内心需求。通过应用明星名人效应制作一系列内容精良的视频影片，用自述的方式让受众产生代入感，形成快速的传播效应，从而达到良好的营销效果。

继《致匠心》《这是我们的原色》《每一步都算数》之后，2017年 NB 请 PAPI 酱拍摄了《致未来的我》，调性仍然延续走心的风格，以感人的表述方式和氛围营造，直击观众内心，使其在观众心中留下深刻印象，持续深化品牌形象。

为了增强传播效果，《致未来的我》在内容上一改 PAPI 酱往日幽默搞笑的风格，转为挖掘 PAPI 酱在走红之前的故事和一路走到现在的心路历程。

开片文案以连续提问的方式，戳中观众内心，反映当下年轻人心中最普遍的困惑，在一开始就引起了共鸣。影片结尾以"不用为了天亮去跑，跑下去，天自己会亮"作为点睛式文案并将此次拍摄的主题呈现出来，将影片带向高潮。整个影片符合了年轻群体内心的深层需求——这群人正处于奋斗、拼搏、寻找未来方向的人生阶段，他们必须得到足够的精神力量去成长，去逐渐进入到下一个人生阶段。他们容易且需要受到感动和鼓舞，而影片所传达的理念，正是他们所需要的。

选择 PAPI 酱也是因为她自带的热度，同时她与影片中的人物和故事设定相等，影片在风格调性方面与 PAPI 酱的自媒体人特性也非常契合，这些更加利于内容的制造和更广泛的传播。

此次《致未来的我》一经推出，收获了不俗的效果，如在微博上的系列话题"PAPI 酱跑了""致未来的我"阅读讨论量很高，并且槽点不少，而大大小小的槽点本身就是一个个具备话题性的趣味点，利于更加广泛的传播与营销。

由此可见，"品牌＋名人"这样的黄金组合，仍然能够通过优质的内容策划和对互联网营销特点的充分把握，为品牌带来巨大的效应。

案例点评：会讲故事的人人缘都不会太差，会讲故事的品牌也会招来消费者的喜爱。NB 就是一个会讲故事的品牌，无论是讲品牌自己的故事，还是讲用户的故事，NB 都能够直戳用户的内心。由于品牌本身有历史沉淀，而品牌的消费者又是一批文艺的、标新立异的人，让 NB 能够从多个层面去讲述自己的故事。

直到现在，NB 讲述品牌故事的方式仍然被许多品牌效仿，他们那种平淡的、不露声色的叙述方式，总能够戳中人们内心最柔软的部分。

第5节 方太——脑洞再大也离不开产品利益

近几年来，方太用天马行空的创意和新颖的形式，将自身品牌与产品传播热度和话题性提升到了一个更高的阶段。

2017年方太搬出了一台"时间机器"，为消费者带来一个科幻的故事。影片在开头部分极力打造强烈的"科技感"与"大片感"，交代了旅行者探测器在2017年要带着代表人类文明的艺术作品进入宇宙。他们最终选择了一本名为《妈妈的时间机器》的书。国内外各个不同领域的专家学者都充分肯定这部著作所达到的惊为天人的创新与突破。而就在该书的作者登台领奖发表获奖感言时，剧情发生神转折，原来之前发生的故事只是一名普通家庭主妇在洗碗时做的一个梦而已。

继而从中引出影片的中心立意：方太洗碗机能够为每一个家庭主妇制造一些时间，让她们能够有时间去完成自己的梦想。

影片的内容亮点不止于单纯地利用转折制造戏剧矛盾，从剧情反转到产品的功能展示仅用了1分钟时间，而前4分钟的伏笔细节都很用心：视频开头展示了多项人类大的发展成果，暗含社会的进步也是通过时间积累产生的。《妈妈的时间机器》这个书名指代的正是方太洗碗机，通过国内外文学界、艺术界、科学界等不同的领域的权威人员对其的高度评价，暗指如果给妈妈们足够的时间，她们都有可能在各个领域获得优异的成就。

影片中未来女性运动领导者说："她们有权支配、掌控和享受自己的时间，她们有权去感受，去梦想，去做回最真实的自己……"这正是方太洗碗机想要表达的对于解放女性时间的主题。就连片中女主角的名字——方须臾的"须臾"两字也是"短暂的时间"的意思，紧扣"时间"这个主题。

从影片的创意方面看得出，方太确实下足了功夫，他们用心出产优质的内容。在产品价值的挖掘上，这部片子从洗碗机的功能层面提炼出"时间"的概念，进而上升到消费者内心情感需求的层面，消费者不仅会对洗碗机留下深刻的印象，更重要的是会产生对品牌的好感。

方太一向所倡导的"因爱伟大"，也在此展现得淋漓尽致。

在这一次的营销行动中，方太并不只孤注于一支广告片的宣传，而是进行了宏观的布局。在发布《妈妈的时间机器》之前，还拍了一支名叫《时间超市》的短片。

方太计算出一个家庭中 30 年间需要清洗的碗和果蔬的具体数量，并将其放进一间时间超市，每一个到店的顾客都将用时间作为货币来购买商品，让身为子女的人亲身体验妈妈在每天的清洗中所耗费的大量时间。

在微信端，方太也推出了一支好玩的 H5：进入界面后出现可点击的"小蝶仙"，长按即可开始视频的播放。按下按钮时从按钮处引出画笔，开始用一笔画随着碟仙的独白勾勒出不同的妈妈们的梦想，但因为妈妈们要把时间用在洗碗上变得无法实现。结尾页可以点击观看《妈妈的时间机器》主题小片，也可以点击"抢时间机器"跳转外链，或"让梦想传递"进行分享。

　　暖心的主题、引起用户共鸣的点、小男孩的配音这一切都营造出温情感人的调性，这样的 H5 在结尾衔接广告，就会很少引起用户的反感。

　　面对消费不断升级的市场，方太懂得如何在简单的物质需求上增加深层的情感体验。优质的内容和线上线下多方位联动的营销渠道，让方太在互联网营销中打赢一场又一场战役。

　　案例点评： 无论是无厘头反转剧情，还是无缝连接的时间超市，方太自始至终都牢牢抓住了产品的利益，从来没有偏离过。这也是为什么一个高端厨具品牌做大脑洞广告却依然能够把握住品牌调性的原因。

　　方太通过不同的方式讲出"四面八方不跑烟"，剧情跑得再远，都能在最后时刻拉回来。水槽洗碗机也是一样，解决的是人懒、忙的痛点，于是方太就围绕着这些产品利益发散出去，《时间超市》

《炒包菜》等作品因此诞生。

品牌在进行营销时，如果有独特的产品利益，则可以围绕产品利益开展营销内容。毕竟我们要做的是广告，广告是要劝服消费者购买的。

第6节　安踏——运动就要有自己的态度

四年一度的奥运会对全世界每一个运动品牌来说，都是一场无与伦比的顶级盛事。作为中国奥委会长达8年的官方合作伙伴，在2016年奥运会之际安踏发起了为中国奥运军团新一代推出里约战歌——"去打破"（Go Surprise Yourself）创意活动。

安踏在面临继续渲染"赢"的光辉和荣耀，还是寻求一个新的角度的选择中，决定将焦点聚集在中国体育的新生代身上，抓住90后新生代运动员和受众群体勇于突破常规的狠劲和特质，鼓励运动员去打破对手的垄断、打破别人的纪录，书写属于自己的传奇。

奥运会是每个运动员一生中至高的舞台，里约奥运会成为安踏通过《去打破》这个广告故事片向全世界展示中国体育全新一代的机会。片中"打破偶像们的战绩""打破梦之队的光环""打破不可能打破的纪录"等鼓舞人心的文案和画面，既是向前辈致敬，也是给未来制定目标。作为中国奥委会官方合作伙伴，安踏为24支中国代表队提供支持，与他们一同奋斗在赛场的前沿，共沐领奖台上的光辉。

《去打破》中系列平面主视觉更以爆破的、富有张力的彩色粉尘，凸显全新一代的爆发力和自信。

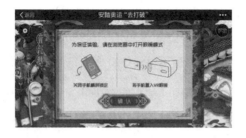

同时安踏推出了一支"重力感应 +3D 全景展示类"的 H5，带用户进入到一个 3D 的全景环境中，用户可通过旋转手机观看里约奥运会和安踏自身相关的元素，点击相应元素时会展示它的弹出层，点击购买则会跳转到外部链接。点击右上方的眼镜还能通过 VR 的方式观看。

此次营销战役的重中之重就是安踏做到了"即时营销"的核心要点。

安踏通过对奥运会热点事件的快速反应，在社交媒体上持续生成热门话题，收获了极佳的传播效果。

如当孙杨在 200 米自由泳夺冠，用实力证明自己并回击霍顿时，安踏官方微博第一时间发出的 GIF 动图和"胜利是最快的反击"的文字，一天后阅读量就达 130 多万。

吕斌事件中，安踏用"拳头能解决的问题，请别用权力"的文案配以流泪跪地亲吻拳击台的图片，当晚阅读量达到 203 万，图片点赞数为 2 万多个。

当龙清泉绝地反击完美逆袭夺冠时，安踏推出的 GIF 动图是在他展开的双臂上方分别写下"扛得住所有压力，才能接得住所有惊喜"。

案例点评：本届奥运会安踏的即时营销，不仅是关注胜利和金牌，更是准确抓到观众、用户的兴奋点，创作出具有冲击力和传播性的视觉和文字，在集体荣誉感的作用下，使年轻消费者对品牌形成高度的认同感和好感度。人们对于奥运的看法已经不同于以往，越来越多的人能够意识到运动精神而非金牌的重要性。

在跟踪事件热点的过程中，安踏把握住品牌的核心，在"去打破"的主题下进行创作，贯彻营销的策略方向，而"去打破"也是运动品牌应该有的态度。纵观运动品牌的竞争，一直都是态度的竞争，无论是"just do it"还是"nothing is impossible"，运动品牌必须要有自己鲜明的运动态度，才能够感动用户。

第 7 节　百雀羚——传统品牌玩起来更大胆

创立于 1931 年的百雀羚，是已有 86 年历史的美妆品牌，其以经典的产品包装给人们留下深刻鲜明的印象，并存在于几代人的记忆中。

在目前护肤品行业竞争极其激烈的情况下，为了摆脱"陈旧""老式"的固有标签，百雀羚从 2008 年开始，启用全新定位，对产品进行全面升级，迎合年轻消费者群体的需求。至 2015 年 7 月，一份《2015 中国化妆品品牌 50 强》榜单里，百雀羚高居本土品牌榜首，其年零售额已直奔 120 亿元。

在互联网品牌营销的道路上，百雀羚同样清晰地抓住新一代消费者的特点，将百雀羚品牌向年轻化塑造。

花 YOUNG 百出

百雀羚从 2008 年开始，推出全新的草本护肤系列产品。为了进入年轻消费者的群体，他们意识到，势必要将"天然好草本"的概念广泛深入地传播出去。

2015 年，百雀羚与微博 KOL 科普界的佼佼者 @ 博物杂志合作，推出了主题为"花 YOUNG 百出"标签的系列海报和文案，在微博上完成了一次形式不一样的传播，引起大量用户的反响和关注。

百雀羚在全新品牌定位和产品特点的基础上，找到了一个恰当的切入点作为突破口，将"草本"和"百雀"两个鲜明的品牌关键词用图文的形式转化为科普知识，这不仅使其广告区别于传统硬性的品牌宣传海报，同时极大地丰富并充实了内容，从而引起受众浓厚的兴趣，并真实地用内容打动了他们。

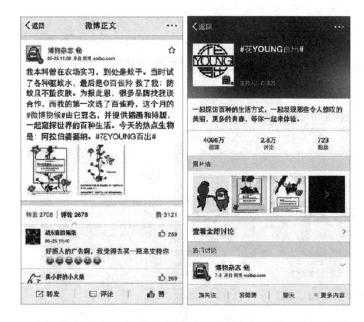

一个好的创意点要想将其价值发挥到最大，需要有一个合适的输出渠道。此次与百雀羚的合作的是 @ 博物杂志，因为这个渠道具有强大的粉丝基础和高调性内容的沉淀积累，这可给百雀羚的品牌带来强大的曝光量和美誉度。

从该次微博品牌营销的受众角度看，用户积极的评论和活跃的参与，也显示出用户对百雀羚新的品牌形象普遍产生好感。

此次战役让百雀羚向其初衷——希望与更多社交网络上的年轻人一起进行真诚沟通，迈出了成功的一步。

活用小人物

互联网时代的优势在于，每个普通人的话语权和观点输出渠道都得到了强化和扩展，连最平凡的小人物都可以发声，成为品牌的"代言人"。百雀羚打动人心的地方就在于愿意与年轻人进行沟通交流。

电商平台不仅作为百雀羚的主要销售渠道，同时也是重要的营销渠道，作为较早在电商平台进行战略布局的品牌之一，近几年百雀羚一直保持着护肤领域的第一名，在营销方面也不乏出彩的案例。

2014年2月28日凌晨，百雀羚店铺的店招、首页轮播图、宝贝页顶等店铺最显眼的地方突然全面布置了以"选择百雀羚，美过黄永灵"为主题文案的广告展示。

在接下来的时间里，"黄永灵"引起了无数百雀羚消费者、护肤行业同行，甚至是路人的好奇心。一个力度如此之大而又看似神秘的悬念迅速在平台上铺开，百雀羚一时成为当时的焦点。

这个关子整整卖了10天之久，直到3月8日妇女节才终于解开如此吊人胃口的"黄永灵"的真实面纱，而所有的猜测几乎统统落空。

原来这位"黄永灵"既不是明星，也不是大美女，而是百雀羚旗舰店的一名文案。在百雀羚的团队中，她从性格上的内向害羞、寡言少语，到幽默自信、善于表达，成为团队的开心果、公司男同事们公认的"司花"。正是这种普通人的积极美好的转变使"黄永灵"成为此次活动的代名词，从而表达了最终的活动理念——贩卖"自信"，以此来激发广大消费者的认同感。往往越是普通人的自信，越容易打动身边的人。

百雀羚通过"自信"这个沟通点与年轻人进行情感上的连接，完美地与品牌产品的特点进行了结合，意在表达百雀羚不仅通过外表的呵护，更加通过内在的改变，来提升每一个用户的自信，不得不说相当走心。

案例点评：值得一提的是，百雀羚在产品革新方面做出了较大的改变，但是依然保留了对于品牌自身来说最宝贵的历史底蕴。在历史的基础之上他们重新提炼出符合当下的品牌理念，将经典重塑，而非全面推倒重来。"老式"品牌之所以缺乏活力，不在于品牌的年龄多大，而在于观念上的停滞不前和不思变。百雀羚的互联网品牌营销找对了变革的方向，从而成功地吸引到新一代的年轻人，并与之形成共鸣。

一方面百雀羚充分利用自己的百年底蕴，通过有质感的品牌内容牢牢抓住用户的审美；另一方面，在形式上百雀羚不断尝试用娱乐化来和年轻人沟通。正是由于这样的碰撞和冲突，才让人在接受百年品牌品质的同时又不觉得品牌过时老土。

第8节　网易——从有态度到各有态度

UGC 和社区属性一直是网易云音乐区别于竞争产品的最大特色。网易云音乐能够超越对手，成功登顶 App Store 中国区音乐榜，并形成浓厚社交氛围，在用户中达到极高的口碑和自发传播，要归功于其乐评、歌单等高质量的 UGC 板块内容。时至今日，网易云音乐先已达到日均生产 64 万条乐评，并积累总计 4 亿条乐评的体量。

网易正大力发展内容生态，并将此定为传播方向的重点。

2017 年 3 月 20 日，网易云音乐与杭港地铁合作发起了"看见音乐的力量"的营销活动，打造了一个"乐评专列"，把精选出来的用户乐评，贴满了杭州地铁 1 号线以及江陵路站，活动从 3 月 20 日持续到 4 月 16 日，接近一个月的时间。

出现在人们眼前的乐评，先通过后台数据筛选，从 4 亿条中选择了点赞排行前 5000 的乐评；再通过人工筛选，从 5000 条中精选了近百条评论，最终落地布置到地铁。最终筛选出来的乐评都很简单却很戳人心，用户一下子就能看懂并会因之感动。

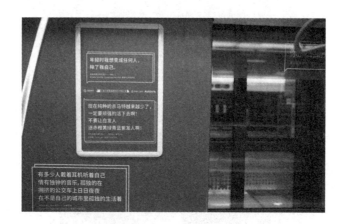

此次之所以选择地铁广告作为传播的媒介，是因为庞大的人流能够将事件快速引爆，而且地铁给人特有的"奋斗的疲惫和孤独"的感受，再配上文艺、励志、走心的乐评，那些每天为了工作和生活奔波忙碌，在地铁里穿行来去的人看到后，心中会产生强烈共鸣。

网易云音乐的团队还随机采访了8位乘客，让他们选出自己印象最深的乐评并聊聊自己的故事，并据此在公众号发表了《"我想做一个能在你的葬礼上描述你一生的人"｜今天，我们做了一件**的事》的推文，引起了热烈的讨论。在互动讨论的过程中事件持续地发酵。

网易此次将云音乐乐评UGC从线上搬到线下，受众又自发地回流到线上进行二次传播。之所以会如此，是因为网易清晰地认识到年轻人的行为习惯和属性，并不断追求年轻人的内心需求，从而令此次活动达到了非常理想的效果。

网易云音乐的乐评是用户借音乐来分享个人情感的手段，用户分享过程中逐渐聚集成为社群。用户的这种行为很符合网易"有态度"的品牌标签。

不仅如此，网易还将旗下的网易新闻2010年提出的品牌主张"有态度"变更为"各有态度"，并推出了"各凭态度乘风浪"的创意宣传视频。他们还利用当下年轻人最关注的话题"二次元、旅行、美食、电影、游戏、萌宠、科技"，制作出了一系列海报。

网易新闻意识到年轻人的话语权逐渐加重，年轻人是运用社交媒体网络的主要人群，而且已经成为资讯消费的主力，所以网易新

闻将未来的方向确定在"更懂年轻人"上。

网易新闻同样注重 UGC，他们通过平台吸收大量的优质自媒体内容创作者。目前网易号的入驻账号数量已经超过 20 万，未来在网易新闻的平台上，将出现更多的社群，出产更优秀的观点和内容。

网易通过 UGC 功能，帮助用户更好地体验产品，在这个过程中让用户去发现、分享，以达到营销和传播的目的；同时，用户在使用"有态度"而走心的产品时，会被激发出更深层次的情感需求，对品牌产生更强烈的依赖感，使网易互联网品牌营销之路走得异常精彩。

案例点评： 网易云音乐、网易新闻都不是相关领域第一个出现的，它们能够在竞争如此激烈的情况下脱颖而出，与网易一直以来坚持的"态度"密切相关。从产品本身到内容运营，再到营销内容，都可以用"态度"来形容网易。网易云音乐有着一群非常有自己态度的"文案"，替网易云音乐写出了无数有态度的内容。

除了态度，网易的故事感和参与度也值得一提。他们擅长挖掘 UGC，通过用户自身的内容跟用户沟通，时刻关注用户的一举一动，真正做到了让网易的用户成为网易的一部分。而网易新闻标语的变化正说明了这一点，网易不再只有自己的态度，而是聚集广大用户的态度。

华章书院成立于2005年，专注于科技·商业·人文三大领域

通过举办高端论坛、新书分享会、读书沙龙等线上、线下活动为企业及个人成长提供阅读解决方案。秉着以书会友，聚友兴业的宗旨，十余年来服务了数十万商界人士、创业者、高科技人员以及近千家企业。

华章书院拥有强大的嘉宾资源以及会员平台，嘉宾汇集了柳传志、陈春花、时寒冰、李开复、杨澜、稻盛和夫、拉姆·查兰、吉姆·罗杰斯、菲利普·科特勒、艾·里斯、杰克·特劳特、安东尼·波顿、威廉·罗兹、雷·库兹韦尔等行业内领军人物。

我们的合作伙伴在其领域内也堪称翘楚，有Intel、IBM、微软、阿里巴巴、腾讯、百度、华为、滴滴、德鲁克管理学院、盛和塾、正和岛等。

华章书院每年举办近百场线下活动，经过多年沉淀，在业界享有盛誉。书院会员遍布全国，聚焦了一大批企业家、创业者、管理者以及喜爱读书学习的进取人士。华章书院还拥有海量社群资源，商业学习线上分享平台华章微课堂自创建以来，开启了海内外知名大咖与用户零距离沟通的一扇窗，让您随时随地都能聆听大师的智慧与新知，一度成为行业的学习标杆。

现在就加入华章书院，让您在变化的时代中始终领先一步！

关注华章书院公众号，了解最新活动详情！

推荐阅读

从用户需求角度深刻阐释了互联网产品设计、网络运营、商业模式构建的本质与方法论！

5大运营主题、40余种运营工具、50余种方法和技巧、100余个真实案例，帮助运营新人迅速掌握全套实操技能和构建完整运营体系

《定位》和《引爆点》之后，营销、内容、传媒界应该关注的第三本书。

前百度资深运营专家多年运营经验总结，运营千万级用户规模的大型互联网产品的实操经验复盘

汇集了来自腾讯、阿里、百度、360、迅雷、YY、小米、爱奇艺、乐视等数十家大型互联网公司的一线运营专家的技巧和方法论。

汇集了来自腾讯、阿里、百度、360、迅雷、YY、小米、爱奇艺、乐视等数十家大型互联网公司的一线运营专家的技巧和方法论。

推荐阅读

书名	作者	ISBN	价格
978-7-111-55420-2 定位(英文版)	[美]艾·里斯、杰克·特劳特	89.00
978-7-111-55412-7 商战（英文版）	[美]艾·里斯、杰克·特劳特	89.00
978-7-111-55413-4 重新定位（英文版）	[美]杰克·特劳特、史蒂夫·里夫金	69.00
978-7-111-55208-6 什么是战略（英文版）	[美]杰克·特劳特	69.00
978-7-111-55707-4 简单的力量（英文版）	[美]杰克·特劳特、史蒂夫·里夫金	69.00
978-7-111-55708-1 营销革命（英文版）	[美]艾·里斯、杰克·特劳特	69.00
978-7-111-55882-8 人生定位（英文版）	[美]艾·里斯、杰克·特劳特	69.00

"日本经营之圣" 稻盛和夫经营哲学系列

季羡林、张瑞敏、马云、孙正义、俞敏洪、陈春花、杨国安 联袂推荐

ISBN	书名	作者	定价
47025	领导者的资质	【日】稻盛和夫	49.00
49146	稻盛和夫语录100条	【日】稻盛和夫	39.00
48914	调动员工积极性的七个关键	【日】稻盛和夫	45.00
49824	干法	【日】稻盛和夫	39.00
50219	阿米巴经营[实战篇]	【日】森田直行	39.00
51021	拯救人类的哲学	【日】稻盛和夫、梅原猛	39.00
54296	匠人匠心：愚直的坚持	【日】稻盛和夫、山中伸弥	39.00
54638	敬天爱人：从零开始的挑战	【日】稻盛和夫	39.00
57079	赌在技术开发上	【日】稻盛和夫	59.00
57081	企业成长战略	【日】稻盛和夫	49.00
57016	利他的经营哲学	【日】稻盛和夫	49.00
57212	稻盛和夫谈经营：创造高收益与商业拓展	【日】稻盛和夫	45.00
57213	稻盛和夫谈经营：人才培养与企业传承	【日】稻盛和夫	45.00